和谐校园文化建设读本

百折不挠

卢　婷/编写

吉林出版集团股份有限公司

吉林教育出版社

图书在版编目(CIP)数据

百折不挠／卢婷编写． —长春：吉林教育出版社，
2013.1（2022.10 重印）

（和谐校园文化建设读本）

ISBN 978-7-5383-8785-8

Ⅰ．①百… Ⅱ．①卢… Ⅲ．①品德教育—中国—青年
读物②品德教育—中国—少年读物 Ⅳ．①D432.62

中国版本图书馆 CIP 数据核字（2013）第 008929 号

百折不挠

BAIZHE-BUNAO

卢婷　编写

策划编辑　刘　军　　潘宏竹

责任编辑　尹曾花　　　　　　　　　　　　　　**装帧设计**　王洪义

出版　吉林出版集团股份有限公司（长春市福祉大路5788号　邮编　130118）

　　　吉林教育出版社（长春市同志街 1991 号　邮编　130021）

发行　吉林教育出版社

印刷　北京一鑫印务有限责任公司

开本　710 毫米×1000 毫米　1/16　　**印张**　12.5　　**字数**　159千字

版次　2013 年 1 月第 1 版　　**印次**　2022 年 10 月第 2 次印刷

书号　ISBN 978-7-5383-8785-8

定价　39.80 元

编　委　会

主　　编：王世斌

执行主编：王保华

编委会成员：尹英俊　尹曾花　付晓霞

刘　军　刘桂琴　刘　静

张　瑜　庞　博　姜　磊

潘宏竹

（按姓氏笔画排序）

总 序

千秋基业，教育为本；源浚流畅，本固枝荣。

什么是校园文化？所谓"文化"是人类所创造的精神财富的总和，如文学、艺术、教育、科学等。而"校园文化"是人类所创造的一切精神财富在校园中的集中体现。"和谐校园文化建设"，贵在和谐，重在建设。

建设和谐的校园文化，就是要改变僵化死板的教学模式，要引导学生走出教室，走进自然，了解社会，感悟人生，逐步读懂人生、自然、社会这三本大书。

深化教育改革，加快教育发展，构建和谐校园文化，"路漫漫其修远兮"，奋斗正未有穷期。和谐校园文化建设的研究课题重大，意义重要，内涵丰富，是教育工作的一个永恒主题。和谐校园文化建设的实施方向正确，重点突出，是教育思想的根本转变和教育运行机制的全面更新。

我们出版的这套《和谐校园文化建设读本》，既有理论上的阐释，又有实践中的总结；既有学科领域的有益探索，又有教学管理方面的经验提炼；既有声情并茂的童年感悟；又有惟妙惟肖的机智幽默；既有古代哲人的至理名言，又有现代大师的谆谆教诲；既有自然科学各个领域的有趣知识；又有社会科学各个方面的启迪与感悟。笔触所及，涵盖了家庭教育、学校教育和社会教育的各个侧面以及教育教学工作的各个环节，全书立意深邃，观念新异，内容翔实，切合实际。

我们深信：广大中小学师生经过不平凡的奋斗历程，必将沐浴着时代的春风，吸吮着改革的甘露，认真地总结过去，正确地审视现在，科学地规划未来，以崭新的姿态向和谐校园文化建设的更高目标迈进。

让和谐校园文化之花灿然怒放！

本书编委会

目 录

中国卷

科技精英

文艺大家

军政名人

名家名流

外国卷

科技精英

文艺大家

中国卷

科技精英

杰出的数学家祖冲之

祖冲之是我国南朝杰出的数学家、科学家。

祖冲之的祖父名叫祖昌，在南朝宋做过一个管理朝廷建筑的长官。祖冲之生长在这样的家庭里，从小就读了不少书，大家都称赞他是一位博学的青年。他特别爱好研究数学，也喜欢研究天文历法，经常观测太阳和行星的运行情况，并且做了详细记录。

宋孝武帝听到他的名气，就派他到一个专门研究学术的官署"华林学省"工作。他对做官并没有兴趣，但是在那里，却可以更加专心地研究自己喜爱的数学和天文。

我国历代都有研究天文的官，并且根据研究天文的结果来制定历法。到了南朝的时候，历法已经有很大进步，但是祖冲之认为还不够精确。他根据长期观察的结果，创制出一部新的历法，叫作"大明历"（"大明"是宋孝武帝的年号）。这种历法测定的每一回归年（也就是两年冬至点之间的时间）的天数，跟现代科学测定的相差只有50秒；测定月亮环行一周的天数，跟现代科学测定的相差不到一秒，可见它的精确程度了。

462年，祖冲之请求宋孝武帝颁布新历。孝武帝召集大臣商议。那时候，有一个皇帝宠幸的大臣戴法兴出来反对，认为祖冲之擅自改变古历，是离经叛道的行为。

祖冲之当场用他研究的数据回驳了戴法兴。戴法兴依仗皇帝宠幸他，蛮横地说："历法是古人制定的，后代的人不应该改动。"

祖冲之一点儿也不害怕，他严肃地说："你如果有事实根据，就只管拿出来辩论，不要拿空话吓唬人！"

尽管当时社会十分动乱，但祖冲之还是孜孜不倦地研究科学。他更大的成就，是在数学方面。他曾经对古代数学著作《九章算术》作了注释，又编写一本《缀术》。他最杰出的贡献是求得了相当精确的圆周率。他从当时一本著名的数学书《周髀算经》中看到，圆的周长为直径的三倍，他就用绳子量车轮，进行验证。不料结果却发现车轮的周长比直径的三倍还多一点，量盆子圆口的周长也是一样。

经过反复计算，他认定刘徽的"割圆术"最科学。但刘徽只算到小数点以后两位，他决心继续算下去。

经过长期的艰苦研究，他计算出圆周率在 3.1415926 和 3.1415927 之间，成为世界上最早把圆周率数值推算到小数点以后的第 7 位数字的科学家。

祖冲之在科学发明上是个多面手。他造过一种指南车，随便车子怎样转弯，车上的铜人总是指着南方；他又造过"千里船"，在新亭江（在今南京市西南）上试航过，一天可以航行 50 多千米。他还利用水力转动石磨，舂（chōng）米碾谷子，叫作"水碓（duì）磨"。

祖冲之是世界著名的数学家和天文学家，国际天文学联合会用祖冲之的名字命名了月球上的一座环形山，以此表达对他的敬仰和纪念。

伟大的科学家沈括

在古代，当西方人还不知道石油是什么的时候，中国老百姓已经用这种黑色液体点灯烧饭了。而这一切都要归功于一位读书人，是他经过反复研究，弄清了这种东西的性质和用途，动员老百姓推广使用。这位读书人还给它起了一个名字——"石油"，这名字一直沿用到今天。这位读书人就是北宋时期的杭州人沈括。

沈括，字存中，号梦溪丈人。他从小跟随在外做官的父亲沈周四处奔波，饱览了华夏大好河山和风俗民情，视野和见识都比一般同龄孩子开阔得多，兴趣爱好也广泛得多。日月星辰、山川树木、花草鱼虫，没有他不喜欢琢磨的。

传说，有一次小沈括给母亲许氏背诵白居易的一首诗。当他背到"人间四月芳菲尽，山寺桃花始盛开"一句时，突然半天沉默不语。许氏出身士大夫家庭，性情温柔，知书达理，对于儿子凡事总好刨根问底的脾气，早已十分熟悉。她见儿子又犯了"犟"劲，只是笑了笑，递给他一件外衣，嘱咐道："别背了，今儿天气这么好，邀几个小伙伴到城外山上转转去吧。山上风大天凉，把这件衣服带上。"

当时，正是四月暮春天气，庭院中的桃花纷纷谢落，已是"绿肥红瘦"，然而当小沈括和孩子们爬上城郊的山峰时，那满山遍野的桃花却开得正艳，好似一片红霞。沈括抚着一枝桃花，呆呆地嘟哝着："人间四月芳菲尽，山寺桃花始盛开。"猛地一阵山风吹过，他不由得打了个寒噤，脑子里蓦然闪出母亲的话："山上风大天凉。""噢！"小沈括一下子明白了：温度不同，植物生长的情况也不同，白居易写的没错！

沈括的童年和少年时代，就是在这样一个充满书香气息的温馨环境中度过的。然而，人生并不总是一帆风顺。18 岁的时候，沈括的父亲去世了，家计顿时艰难起来。沈括不得不外出谋生，到海州沭阳县（今江苏沭阳）当了主簿。从那时起，政务便占据了这位天才科学家一生的大部分时间。但是，无论仕途多么艰险，宦海如何浮沉，公务怎样繁忙，他得志也罢，失意也罢，都从未放弃过科学研究。

沈括知识渊博，天文地理、数理化、医药以及文学艺术，无不通晓。他在科学研究上涉猎范围之广，见解之精辟，都是同时代人所望尘莫及的，他从事的许多项目都代表了时代的水平，具有世界意义。在天文学方面，沈括制定了《奉元历》，制造了新的天文仪器，把天文研究又推向一个新的高峰。此外，他最突出的贡献是发明了"十二气历"。按中国古代历法，阴历和阳历每年相差 11 天多，古人虽采用置闰的办法加以调整，仍难做到天衣无缝。沈括经过周密的考察研究，提出了一个相当大胆的主张：废除阴历，采用阳历，以节气定月，大月31 日，小月 30 日。这种历法当然是比较科学的，对于农民从事春耕、夏种、秋收、冬藏十分有利，然而却因否定了老祖宗的"经义"而受到上层统治阶级的抵制，迟迟未能推行。"青山遮不住，毕竟东流去"，科学最终一定会战胜保守和愚昧。在沈括之后 900 年，英国气象局使用了以节气定月的"萧伯纳历"。如今，沈括所提倡的阳历法的基本原理，已为世界各国所接受。沈括对数学也有着独到的研究。沈括是历史上第一个发明"隙积术"的人。另外，在物理学、光学、声学、生物学、医学等诸多科学领域内，沈括也有很深的造诣。

沈括晚年退出政坛，隐居在江苏镇江朱方门外竹影摇动、溪水潺（chán）潺的梦溪园，潜心笔耕，写出了伟大的科学巨著《梦溪笔谈》。这是一部反映当时科技发展最新成就、内容丰富的著作，充分显示了作者的博学多闻和旷世才华。书中涉及数学、物理、化学、天文学、地学、生物、医学、工程技术等许多学科，共分 609 条记述。

1095 年，65 岁的沈括走完了他光辉人生的最后里程，但是，他魂萦梦绕的科学事业却依旧在不停地向前延伸。作为他的后继者，我们将以无愧于祖先的不懈探索，努力向着更高的目标迈进。

心灵手巧的黄道婆

　　黄道婆是中国历史上著名的纺织技术专家。黄道婆出生在南宋末年那多灾多难的时代。战乱、灾荒、苛捐杂税，把美丽富庶的江南变成了人间地狱。黄道婆的家乡松江府乌泥泾镇，土地贫瘠，粮谷短缺，百姓更是难以度日，不少人都靠种植棉花、纺线织布勉强糊口。

　　黄道婆 13 岁就被卖给人家当童养媳。白天她下地干活，晚上纺线织布到深夜，还要遭受公婆、丈夫的虐待。沉重的苦难摧残着她，也磨炼了她。有一次，黄道婆被公婆、丈夫一顿毒打后，又被关在柴房不准吃饭，也不准睡觉。她再也忍受不了这样的折磨，决心逃出去另寻生路。半夜，她在房顶上掏洞逃了出来，躲在一条停泊在黄浦江边的海船上。后来她就随船到了海南岛的崖州，即现在的海南崖县。

　　当时的海南岛是黎族同胞聚居的地区，棉纺织业十分发达，生产的棉纺织品种类繁多，织工精细、色彩艳丽，在全国首屈一指，仅作为"贡品"向皇宫进献的各类棉布就有 20 多种。相比起来，内地虽早在 3000 多年前就已经有了相当精美的丝织品，但棉纺织业却发展较晚。棉花产量不高，布匹质量低劣，还不能成为人们服装用料的主要来源。从小就在织布机旁长大的黄道婆，惊喜地发现，当地人的棉纺织技术是那样的精湛，当地劳动人民又是那样的淳朴善良。在他们中间，她没有丝毫外乡人的感觉，很快就克服了言语不通、习俗不同的种种不便，融进了这个温馨的大家庭中。

在家乡，棉籽是用手一粒粒往外剥，而这里却是用一根铁杖往外碾，一次就能碾出许多来；在家乡，弹棉花的弓只有尺把长，而且用线做弓弦，又慢又累人，这里的弓却足足有4尺长，弓弦还是用麻绳做成的，一弹就是一大片；在家乡，手摇纺车一次只能纺一根纱，这里的脚踏纺车，可以同时纺3根纱；在家乡，织布机只能织出一色的白粗布，这里的织布机却既能套色，又能提花。这些精巧的工具和技艺，使黄道婆感触颇深，求知欲比任何时候都更加旺盛。她在黎族同胞的悉心传授下，白天学，夜里练，很快就熟悉和掌握了各道制棉、织布的工序，同时，她又在操作过程中融进了家乡织布技术的长处，使自己的技艺长进很快，逐渐成为当地出名的纺织能手。

不知不觉中，黄道婆已在海南度过了20多个春秋。这20多年中，元朝取代南宋政权，统一了全国。然而，不论如何改朝换代，老百姓受苦受难的命运却始终没有变化。在黄道婆的故乡，人们依然终年劳碌却难以温饱，棉纺织技术依然十分原始落后。

进入中年的黄道婆，思乡之情与日俱增，终于在黎族乡亲们的一片祝福声中，她身背纺织工具，踏上了北归的海船。

回到阔别多年的父老乡亲当中，黄道婆的生命仿佛注入了新的活力。她没日没夜地致力于棉纺织技艺的改造与革新，不仅把自己在海南学得的先进生产经验毫无保留地传授给故乡人民，而且还结合当地的实际情况，系统地改进了从轧籽、弹花、纺纱、织布的全部生产工序，创造了一套新型的纺织工具，使当地的棉纺织技术有了相当大的提高。

回到故乡后的几年中，黄道婆没来得及欣赏江南的秀丽景色，也没来得及和亲朋好友叙旧聊天。在纺车和织机的"轧轧"声中，她度过了自己一生的最后岁月。她去世后，当地人民自己集资，公祭三日，以表达对这位无私无畏、勇于实践的伟大先驱者的深深悼念之情。

在黄道婆离世后不久，松江一带就成为全国的棉纺织业中心，历数百年之久而不衰。

徐光启格物穷理

徐光启(1562—1633)，字子先，号玄扈，松江府上海县人，是明代杰出的科学家。

徐光启出身于一个小商人兼小土地所有者的家庭，早年从事过农业生产，对于土地的利用问题深有体会。他说："天下没有不可利用的土地，人们困顿的原因在于怠惰无思，饱食终日，不肯从事生产劳动，去求索致富的门路。"由于家乡常受到倭寇的侵扰，他也很注意学习兵书。他认为，古来万世，世事纷繁复杂，人们只要善于发现现实中的问题，鼓起勇气，百般求索，就没有克服不了的困难。在20岁到40岁期间，他先后以秀才和举人的资历在家乡和广东、广西等地以教书为业，阅读和研究了丰富的古代典籍，尤其是有关生产科学方面的知识，这为他日后进行科学研究打下了坚实的基础。他曾与耶稣会传教士利玛窦等人有来往，跟利玛窦学习了西方的天文、历算以及火器制造等方面的知识和原理。42岁时他在南京加入了天主教会。在他看来，儒学和佛教过于重视内心的修养和主观上对人生的领悟，所以西方的天主教胜于儒学和佛教，便于学习和领会，而且天主教中蕴藉着一种分析研究事物的现象，探求事物内在联系的学问，即所谓"格物穷理之学"，他认为这种"格物穷理之学"的重要特征就是注重外在事功。天主教的这种独到的特征，使他最为神往。他认识到，反求内心，关注内心的儒学和佛教是虚学，而格物穷理之学才是实学，才更有助于国家的富强和民生的幸福安康。他思索的脚步已经触及到东西方两种不同文化特质的比较研究了。第二年，他进京考取进士，任翰林院庶吉士，正好利玛窦也在北京，徐光启就同他一起研究东西方的天文、历法、数学、地学、水利等学问，还与利玛窦等人共同翻译了许多西方科学著作，如《几何原本》《测量法义》《泰西水法》等，成为介绍西方科学的先驱。他自己也编著了不少关于历算、测量等方面的著作，如《测量异同》《勾股义》等。

徐光启从翻译西方科学著作的工作中，加深了对数学重要性的认识。他在与利玛窦合译的《几何原本》序文中指出，数学所以成为一门最基本的科学，在于它是"众用所基"，能为许多学科所用，如天文、历法、水利、测量、声乐、军事、财会统计、建筑、绘图、医学，等等。可见，他已明确地认识到了凡有量的关系存在的地方，就必定要用到数学。

对于欧洲的天文学，徐光启颇感兴趣，这是因为欧洲天文学的特点是用严格证明的逻辑方法力求解释天体运动现象的所以然。徐光启掌握了欧洲天文学方面的知识后，每次预报天象都较其他人准确，所以名望和威信都很高。崇祯二年(1629)，由于钦天监推算日食又发生了错误，徐光启才被任命主持明代唯一的一次具有重大意义的历法改革工作。这次历法改革是以西方历法为基础，工作虽然繁重，又有来自朝野上下保守势力的百般刁难和阻挠，但徐光启毫不畏惧、毫不气馁，他对这项工作做了通盘的精心规划和安排，使整个工作进展顺利，崇祯六年(1633)编成了一部130多卷的《崇祯历书》。这部书虽说是集体创作，却凝聚了徐光启本人大量的智慧和心血，全书大部分都经过了他的修改审阅。《崇祯历书》已开始接受近代天文学和数学的知识，突破了中国传统天文历法的范畴。

对科学技术方面的研究，除了天文、历法之外，徐光启用力最勤、收集最广的要算是在农业方面的研究了。因此，在他丰富的著述中也以《农政全书》最为重要。

《农政全书》是徐光启几十年心血的结晶，是一部集中国古代农业科技之大成的著作。全书共 60 卷，50 余万字，分农本、田制、农事、水利、农器、树艺、蚕桑、蚕桑广类、种植、牧养、制造和荒政十二项。《农政全书》转录了很多古代的农业文献，这部分可以说是前人成就的选编，便于参考使用。徐光启自己撰写的有 6 万多字，虽然只占全书篇幅的 1/8，但都是他经过亲自试验和观察之后取得的材料写成的，所以科学性较强。他对前人的著作，不但是选录，也附有自己的见解或评论。如对《唐新修本草》注中所说菘（即白菜）北移都变芜菁，芜菁南移都变菘的错误，就以自己在家乡种植芜菁的实践说明芜菁不会变为菘，并解释了芜菁南移根变小的原因和在南方培养大根的方法。他不愧是一位注重探索自然规律的科学家。

徐光启在《农政全书》中写的专题部分，值得重视的有：在垦田与水利方面，他主张治水与治田要相结合。他曾在天津屯种实验，很有成效。他认为京师附近发展水稻等粮食作物的潜力很大，可以解决不必要的漕运问题。如果能够实现的话，南粮北调的矛盾就可以缓解。他在上海县试种高产备荒作物甘薯后，证明在长江三角洲同样能生长良好。他非常注意选种，他说："种植作物，选择好良种最为重要，最为关键，如果长期种植不良的种子，刻板化，单一化，就会使天时、地利和人力的大半都白白地废弃了。"对于保守思想和偏见，他以大量作物移植成功的事例指出："如果认为作物的种植取决于适宜它的土地，是不可改变的，那是毫无道理的。"徐光启对蜡虫和蝗虫也很有研究，成为详细记述白蜡生活习性和蝗虫生活史的第一人。他研究蝗虫生活史的目的是为了灭蝗，在除蝗问题上所用的研究方法，也很为后人所推崇。

处处留心皆学问，不懈求索终有果。徐光启一生，不论是在童年或是在壮年、老年，不论是为民还是为官，他都善于观察和发现问题，勇于实践，不懈追求和探索，身体力行，笔耕不辍，终获累累硕果。他是明代杰出的科学家，是具有近代思想气息的学者，也是中国历史上尝试东西方文化比较的第一人。

李时珍一生心血修"本草"

　　李时珍是我国明朝时期卓越的药物学家，也是当时世界上最伟大的科学家之一。

　　1518 年，湖北蕲州（今湖北省蕲春县）瓦硝坝村的中医李月池家里，一个小男孩儿出生了，他就是李时珍。

　　李时珍的父亲是当地有名的中医，左邻右舍一有不舒服，就来找他看病，每次都是药到病除。他在自家的后院种植了很多种草药，除了给人看病以外，他就侍弄这些草药，给草药浇水、锄草、施肥。

　　李时珍从懂事起，就对帮助爹爹给中草药松土、锄草很感兴趣。他每次来到这个小药园，总是问这问那："父亲，这是啥花呀？"父亲会耐心地回答："这叫单叶红牡丹，它的根和皮都能入药。"于是小时珍就会接着问："那这药能治什么病啊？"父亲告诉他："这药能治风寒，能止疼痛；肠胃炽热、心气不足也能治。"小时珍还会刨根问底："啥叫心气不足啊？""你现在还小，过几年再学吧！"这个小家伙总是不依不饶地问个没完没了的，还说："我就要问，我偏要问！"父亲总是乐呵呵地说："好好好，我告诉你……"他缠住父亲不放，父亲只好把一些具有药用价值的花、草的名字、药性、用途一一讲给他听。

　　随着时间的流逝，小时珍一天天地长大，他 8 岁了，后院小药园的草药都已经让他认完了，每种草药他都记得很熟。这样他还不满足，父亲只好带着他上山采药。山上的学问可是大得很哪！漫山遍野一眼望不到边，到处都是野生的药材，还有天上飞的昆虫、到处跑的野兽，这可使小时珍大开了眼界。他看到父亲采草药时，每次采了，都要放在嘴里嚼一嚼，尝一尝，就好奇地问："父亲，你为什么采了草药，都要放到嘴里尝一尝呢？"父亲说："放到嘴里嚼一嚼，尝一尝，就知道是什么味道。我们的祖先们，采草药都是这样的。只有用嘴品尝才能知道药力、药味和疗效。我们的先人们就是这样亲自品尝以后，才写出《本草经》这本医书的！等你长大后，可要好好读一读这本《本草经》！"

在山上，他们总是一边走，一边看，一边讲，碰到什么，就讲什么。有一次，他们看到一条蛇，吓得小时珍直叫："哎呀！不得了，蛇！"父亲一把抱住他，告诉他："这叫蕲（qí）蛇，是极毒的，人一旦被它咬到，抢救慢了，就要丧命的！但是这种蛇的胆、毒液和皮都是治病的良药呢！"只见父亲低头找呀找，忽然眼睛一亮，他采了几棵小草，对小时珍说："你看，这是半边莲，这是鬼针草，这是天南星，这几种草药都是能治蛇伤的！"

每一次，父亲讲解以后，小时珍都是牢牢地记在心里。他的记性特别好，每隔一段时间，父亲再问他以前讲过的草药知识，他都能一字不差地回答出来。就这样，一天又一天，一月又一月，一年又一年……时间久了，李时珍在父亲的指点下，已经能辨别各种药草、动物，并能说出它们的药用价值了。

有一次，李时珍和几个小伙伴上山去玩。有一个小朋友不小心被蕲蛇咬了，小朋友们都吓得不知如何是好，李时珍却十分镇静，他说："别着急，我知道半边莲、鬼针草和天南星草能治蛇伤。这些草很好找。"于是他东找找、西找找，不多一会儿，就拿了一些草药，揉了揉，挤了挤，给那个小朋友涂抹在被蛇咬伤的地方，然后就把那小朋友抬回了家。第二天，被蛇咬伤的小朋友果然好多了，被父亲带着到李时珍家里来道谢。于是村里的人都知道李月池家的小公子李时珍也懂得治病了。不久，左右村子都知道蕲州瓦硝坝村有个会治病的"小神童"李时珍。

在当时，民间医生地位很低，李家常受官绅的欺侮。当父亲得知李时珍想当医生的愿望后，长叹了一口气，无奈地对他说："孩子，虽然谁都离不开医生，但在世人的眼中医术是方技、小道、贱业，不能立身扬名。你看我吃的苦还不够多吗？何必再走这条路。你还是发愤读书，博取功名吧！"就这样父亲决定让李时珍读书应考，以便一朝成名，出人头地。李时珍不想违背父亲的愿望，让他伤心，因此听从家里的安排，12岁入私塾读书，准备考取功名。

经过刻苦学习，李时珍在14岁时就考取秀才，但从那以后他三次赴武昌应试举人，都名落孙山。他觉得很受打击，加上本来无心功名，因此不想再为应试作努力了。他立志学医，于是多次恳求父亲说："让我做一名医生吧。"他还写了一首诗明志，说："身如逆流船，心比铁石坚。望父全儿志，至死不怕难。"父亲无奈，只好答应了他的请求。

李时珍在医疗实践中，对历代医药书籍，如《神农本草经》《本草经集注》《唐本草》《开宝本草》等进行了广泛阅读研究。他发现旧"本草"非但不完善，甚至有很多错误，便立志要把旧的药书加以整理补充，写出一部分类更加详细的药物学著作。但他心中十分清楚，要重新修订"本草"，力求在前人的基础上有所突破和发展并非易事。为此，李时珍大量阅读了历代药书 300 多种，还研究了大量古医书引用过的古书共591 种。只要和"本草"有关的，他都进行研究。光是摘录下来的笔记，就装满了好几柜。

从 1552 年起，李时珍开始写《本草纲目》，到了 1578 年完成，共经历了 27 年时间。在这段时间内，李时珍可以说"行万里路，读万卷书"，呕心沥血，历尽千辛万苦，终成巨著，个中滋味，可想而知。

为了发现、采集新的药物，艰苦的野外科学考察是少不了的。李时珍从 1565 年以后，就多次走向大自然，先后到过湖广、江西、江苏、安徽等地以及武当山、茅山、牛首山、龙峰山等产药丰富的山区，披荆斩棘，攀悬崖，临绝壁，采集了许多标本，通过实地考证纠正了旧药书上很多的错误。

艰苦研究 27 年，黑发人变白发人，李时珍把自己的青春刻在了《本草纲目》上。

《本草纲目》共 52 卷，190 多万字。全书把药分做了 16 部 62 类，收载药物 1893 种，此外，载入药方 11096 个，并附有动植物插图画1110 幅。这部书的规模之宏大，内容之丰富，涉及范围之广博，是古代任何一部"本草"书望尘莫及的。

《本草纲目》刊行后，立即受到人们的欢迎，风靡全国，人们争相传阅。随着中外文化的交流，《本草纲目》深受世界各国的重视。西方人称之为东方医学巨著。李时珍为中国及世界文明所做的贡献，同《本草纲目》一起永远载入了史册。

王锡阐钻研天文历法

王锡阐（1628—1682），字寅旭，号晓庵，江苏吴江人。他一生勤勉好学，经常观测天体，对中、西天文历法都有精湛的研究，是清代乃至中国古代史上杰出的天文学家。

王锡阐自幼喜欢读书，对有关天文历算方面的内容尤其感兴趣。他不仅重视书本知识，而且重视实践。从少年时代起，夜晚遇天气晴朗，他就登上屋顶，仰着头，观察天象，有的时候竟一晚不睡。他总是把观察的结果记录下来，仔细推敲，认真比较。不论是酷暑严寒，还是身患疾病，他都没有停止过。

王锡阐生活的时代，正是西方传教士在中国传教趋于频繁的时期。西方的传教士在传教的同时，把西方的科学技术知识也传到中国。王锡阐不仅对中国历法有独到的研究，而且对西方历法进行了深入的钻研，并指出了西方历法的若干缺点和错误。

如西方历法以为月亮在近地点时，视直径小，所以食分大。对此，王锡阐正确指出：视径大小，是人眼观察的结果，是因人而异的。食分大小，却应该根据实径。太阳的实径，不因地面观察点的高低而有所不同。地影实径，却因观测点的远近而有损益，最低之地影大，月入影深，食分不得反小；最高之地影小，月入影浅，食分不得反大。又如，王锡阐指出，按小轮系统算月亮运动时，除了定朔、定望外，其他时刻都应加改正数，但西方历法却不用这一改正数，好像日月食一定发生在定朔、定望，然而事实上只有月食食甚才是在定望。王锡阐更以交食的实测事实，证明西法并不完全准确，从实践和理论上都证明西法并非是完善的。

正是在对中西方历法都做了透彻研究的基础上，王锡阐编著了《晓庵新法》。全书共 6 卷，吸收了两者的优点，并有所发明创造。他提出了日月食初亏和复圆方位角计算的新方法，依次计算 1681 年 9 月 12 日发生的日食，较其他方法都准确。他独立发明了计算金星、水星凌日的方法，还提出了细致的计算月掩行星和五星凌犯的初、终时刻的方法，都比中西历法有所进步。

王锡阐之所以取得独步时代的天文学方面的成就，是和他刻苦钻研、注重实践的学风密切相关的。他继承和发扬了中国古代天文学者"验天求合"的实践与理论相结合的优良传统，不以书本为据，而以实践为宗。

除此之外，也和他在学术交流上的态度有关。他对中西之学均采取去粗取精、去伪存真的科学态度，既不盲从迷信，也不拒而远之。他主张排除中西方有别，尊华夏而卑西人的偏见，力求集众家之长而会通其内在原理，不要拘于名目故步自封，孤芳自赏，而应学习、判定，取其精华，去其糟粕。他说："数术是依理推导出来的，历法是依据天象制定出来的，无论中历、西历，在方法上都有可取之处，为什么一定要区别是东方的还是西方的呢？客观存在的道理为什么一定要区分新旧呢？"他反对盲目推崇西方历法，他说："西方历法中的论见，那些被今天的实测所检验所证明了的，可以吸取，如认为是不可改易的，用它来指导实务，以求发展，是不可以的。""考证古法之误，而存其是；择取西说之长，而去其短"则成了他的研究工作的重要特色。

王锡阐是 17 世纪的科学家，在浓重的封建制度的氛围下，他克服了重重困难，却依然坚持"古为今用，洋为中用"的科学方法。这无疑是超越时代的。中年以后，他疾病缠身，仍刻苦攻读，著述不辍，终身研究历法。从少至老，无论是寒冬酷暑，还是疾病缠身，他都坚持实测天象。他探索中西方科学的态度，在科技发达、思想开化的今天，也是我们继承文化遗产和进行文化交流所应借鉴的，因为科学的探索离不开探索的科学。他潜心研究，所体现出的百折不挠的精神，也值得我们每一个人学习。

李贵真和她的跳蚤

李贵真，山东省恩县（今平原县）人。我国著名生物学家，有"跳蚤专家"之称。

李贵真从小在农村长大，喜欢各种各样的小昆虫。中学毕业后，她决心献身于祖国的生物科学。1937年，她从齐鲁大学生物系毕业后就奔赴贵州。那时，贵州、云南各省鼠疫大流行，万户萧疏，数以万计的病人挣扎在生死线上。跳蚤是传播鼠疫的重要媒介，研究跳蚤的形态、种类以及活动方式等，是控制和消灭鼠疫的有效手段。但在旧中国，统治阶级根本不关心人民的死活，也根本不重视对跳蚤的研究。当时年仅27岁的李贵真勇敢地、吃力地开垦起中国生物学的这块处女地——蚤类学。

要研究跳蚤，首先要捕捉跳蚤。跳蚤像芝麻粒那么大，非常善于蹦跳，很不容易捉到。人体和动物体既是跳蚤活动的场所，又是它吃饭的地方，它是真正的寄生虫。捕捉跳蚤对人体有一定的危害。跳蚤一旦跳上人体，钻入衣服内，就很可能带来传染病。李贵真对这些全然不顾。为了捕捉到各种各样的跳蚤，她翻山越岭到树多林密的地方从动物身上捕跳蚤。因为野生动物多生活在潮湿的树丛中，这种条件正适合跳蚤的生存和生长，可野生动物不让人靠近，李贵真就向当地猎人学会了打猎。用枪打死动物后，她赶紧跑过去，把早已准备好的一块白布放在动物体下，然后，仔细寻找躲藏在动物身上的跳蚤。动物体温一降，跳蚤就会向四处乱蹦。离开动物体的跳蚤跳到白布上，李贵真便迅速地用蘸了酒精的棉花团将那"黑点"按住，小心翼翼地装入玻璃瓶里。

李贵真不但学会了用枪打死猎物，还学会了挖陷阱捉活动物的方法。她把捉到的小动物放到笼子里，再把笼子放到水盆上，跳蚤一跳就掉到水中。李贵真常常守候在水盆旁，慢慢把水中的跳蚤捉上来。她也常常让伙伴守在洞口，自己钻进那又臭又脏的野兽洞中，细心寻找跳蚤。她翻山越岭，不知磨破了多少鞋底，划破了多少衣服。这对一个年轻的女大学生来说，要顶住来自社会的世俗偏见，还要经得起大自然的考验，谈何容易？可她硬是经受住了考验。从1938年起，她用了几十年的时间，夜以继日地研究这些小小的特殊昆虫，目的是为人民群众解除病痛和苦难。

李贵真捉到跳蚤后，还要经过极复杂的制作标本过程。制成标本后还要认真鉴定，整天用显微镜观察跳蚤，在纸上耐心地画下它的形态，有时一画就是几个月。在这枯燥单调的工作中，一种又一种中国新跳蚤被发现了，中国蚤类学这门空白的学科也渐渐发展充实起来。后来，李贵真写出了《跳蚤》和《蚤类概论》等著作。《蚤类概论》被认为是"我国蚤类研究工作的一种初步总结，是我国昆虫学、医学昆虫、蚤传性疾病流行病学不可缺少的一种参考书"。国际生物学界认为这是"关于中国蚤类学的权威性著作"，它的内容被生物学界的外国专家学者所引用，最终也为人们攻克由跳蚤引发的疾病提供了依据和方便。

蔡建宇与自己和净水搏斗

1967年，在越南战场执行任务的蔡建宇患了"急性坏死性小肠炎"，医生在坑道里为他连续做了两次手术，把他从死亡线上"拽"了回来。一个被医学上宣判为失去工作能力的科学工作者，并没有泯灭一颗为祖国、为人民贡献终生的赤子之心。蔡建宇想："一个共产党员，只要心脏还在跳动，就要为党工作！"他决心在净水世界寻找自己的星座。生命萌生了新的希望。腹部还插着四条引流管的蔡建宇，再也躺不住了。他用一块木板撑在胸前，靠在床头开始了植物净水的研究。一年多的病房生活，他不仅活了下来，而且还设计了几十种植物净水方案……

不能站着，就坐着干。不能坐着，就躺着干。蔡建宇横下一条心，把实验室当成了家。在妻子和同志们的协助下，他躺在竹榻上顽强拼搏。没有资料，没有经验，简陋的条件迫使他用原始的工具去攻克现代科学的堡垒。仅仅为摸索一道工序，他就进行过上百次实验，煮破了几十个瓦盆、瓦罐。有志者事竟成。经过几千次失败，他终于找到了三十多种净水植物和五种净水剂。在六年多的时间里，蔡建宇和同志们带着科研成果深入连队，深入基层，从西沙群岛到北大荒，都留下了他们的足迹；长江、黄河、湘江、珠江，数十条江河映过他们的身影。六年中，蔡建宇因下肢静脉高位栓塞、尿崩症和静脉炎三次入院，每一次他都凭借顽强的意志摆脱了死神的纠缠。

1978年全国首届科学大会以后，蔡建宇率领研究小组又向"次氯酸钠净水发生器"这一课题发起进攻。经过两年来的数百次试验，蔡建宇研制成功的这种净水装置的核心部件——电解阳极的使用寿命长达25000小时，超过了日本7000小时的指标。这一成果，1984年荣获全军科技成果一等奖和 1985 年国家科技发明三等奖。蔡建宇的快速净水法和水消毒器享誉海外，美、英、法等国的专家争相前来参观。世界卫生组织三次来函索取研究资料。

近年来，他们又相继研制成功监测水质的"浊度计"和"余氯比色计"，进一步完善了评价水处理效果的仪器。

蔡建宇荣立过一等功一次、二等功两次、三等功八次，是全军的先进工作者。尽管病魔缠身，他仍顽强地与自己的疾病作斗争，执着地在净水世界里求索攻坚，奋斗不止。

让中国人扬眉吐气的詹天佑

1872 年 7 月 8 日，年仅 11 岁的詹天佑作为中国第一批官办留洋学生留学美国。1881 年，他以优异成绩毕业于耶鲁大学，并于同年回国。1888 年，詹天佑到中国铁路公司任工程师。

清政府要修京张铁路的消息传出后，在华势力最大的英国志在必得，视长城以北为其势力范围的沙俄誓不相让，双方争持不下，最后达成协议：如果清廷不借外债，不用洋匠，全由中国人自己修建此路，双方可都不伸手。他们原以为这么一来，中国根本就没办法建造这条铁路。就在这个关键时刻，詹天佑挺身站出来，全权负责修筑京张铁路。就这样，清政府打消了求救于洋人的念头而决定自己修建铁路了。1905 年 12 月 12 日，京张铁路正式开工。在丰台，詹天佑亲手抡起大锤钉进了第一枚道钉。成千上万的人欢呼，祝贺。中国人自己修建的第一条铁路——京张铁路开工了。

修建京张铁路，谈何容易。崇山峻岭，爬坡钻洞，又没有机械设备。这还不说，清廷的达官显贵刁难阻挠，洋人造谣拆台，詹天佑面临的是千难万险，内外夹攻。但是，一心爱国，决心献身中国铁路事业的詹天佑毫不畏惧，他坚信京张铁路一定能够建成。

京张铁路终于开工了，但困难重重。当时，中国非常落后，修铁路没有机械，连运送铁轨的车辆都没有。开工以后，第一根铁轨是詹天佑和工人们推着平板车运到工地的。当路轨铺到清河镇广家坟地的时候，碰到了一个"硬钉子"。原来，这广家坟地的主人曾任锦州道台，与恭亲王载泽的孙女结亲。广家倚仗皇亲的势力，雇人卧轨，阻挠铺轨。工程队人员觉得这是无理取闹。詹天佑为修通铁路，答应派人去广家坟院拜祭，立碑之事不予理睬。克服了重重困难，京张铁路首战告捷，1906 年 9 月 3 日，通车到南口。

南口通车以后，詹天佑领导工程人员又开始了京张铁路最艰难的一段工程——在关沟地带开凿四孔隧道。

四孔隧道包括居庸关、五桂头、石佛寺和八达岭隧道，总长 1645 米，其中八达岭隧道长 1091 米，其次是居庸关隧道，长 367 米。

居庸关山势非常险峻，岩石也很厚，开凿隧道非常困难。为了加快工程进度，詹天佑采用从两端对凿的方法。他亲自教凿工凿炮眼、下炸药的方法。当开凿到洞中几十米的地方，山顶的泉水渗透得很厉害，洞中泥泞无法下炸药。没有抽水机，詹天佑就带领工人挑着水桶排水。为防止两壁和顶部土方塌落，工程队员用水泥砌边墙环拱，筑起水沟排除积水。就这样，终于在 1908 年 4 月 12 日凿通了居庸关隧道。

八达岭隧道最长（1091 米）。这么长的隧道从两头同时开凿不行。詹天佑在隧道的中部开凿两个竖井，两个竖井都同时向两个方向开凿，使整个隧道分成三段。这样，两个竖井同时向两个方向凿进，整个隧道的两头也同时向隧道里边凿进，从而加快了工程进度。但是，当时没有什么设备，比如，运载工人上下竖井，运送器材、炸药，运出土石和积水，因为没有升降机，只好用民间的辘轳架，在井口用人工升降。隧道内没有抽风机，空气污浊，詹天佑就在井口架起扇风机，通过铁管往隧道里输送新鲜空气。他处处为工人着想，和工人们一起在井下施工，总是身先士卒，得到工人们的拥护。1908 年 5 月 12 日，八达岭隧道凿通。

很快，其他两个隧道也先后凿通。到 1909 年 9 月 24 日，京张铁路全线通车。原计划六年完成，结果只用四年就提前完成了。工程费用只及外国人估价的五分之一。人们非常崇敬这位为中国铁路事业做出杰出贡献的工程师，为了永久地纪念他，特地在青龙桥车站兴建了他的铜像。

中国的爱因斯坦——华罗庚

1910年11月12日，华罗庚出生于江苏省金坛县一个小商人家庭。他6岁时上了本镇的小学，12岁入县立初中。初二前数学成绩并不出色，还得过"不合格"。他成名后有人问起这事，他坦诚地作了自我批评："我小时候是很贪玩的，常常逃学去看社戏。"我们知道，"贪玩"倒不是华罗庚的本意，"逃学"的主要原因是他小时候的爱好不在数学而在国文。

这一天，老师出了一道作文题——"周公诛管蔡论"。"周公诛管蔡论"说的是周朝初期曾经发生的故事：周武王因病去世，儿子姬诵继承王位（史称成王），这位小国君年仅13岁，这样就由武王的弟弟周公旦摄理政事。武王的另外两个弟弟管叔鲜、蔡叔度，眼瞧着周公旦代行天子职务，心里很不服气，就伙同武庚等一起造反，结果失败了，被周公旦处死。

就这样的历史故事命题作文，一般人的写法都是顺着历史既定的说法，骂管叔鲜、蔡叔度作乱，赞扬周公旦平乱有功，但华罗庚没这样做"顺水文章"，却说了周公旦的"坏话"，这下可把老师惹火了，责骂他"污蔑圣人"。面对这样的历史成见和武断专横的批评，华罗庚心里很是不服，他忍了忍，心想，"老师是需要尊敬的，但道理还是要说明白的"。于是他就跟老师讨论：倘若老师只许赞颂周公旦，那题目就应当叫作《周公诛管蔡颂》。既然是"论"，那就应允许学生自由"议论"，允许有不同写法、不同说法。是啊，他说得入情入理。老师沉默了，牢牢地记住了这位学生。

数学成绩不好引起华罗庚的警觉，他暗下决心，一定要赶上去。于是，一有空他就抱着数学课本看，寻找数学题来做，渐渐地对数学产生了兴趣。

有一天，数学老师把课讲完，出了一道趣味题让大家做。题目是："今有物不知其数，三三数之剩二，五五数之剩三，七七数之剩二。问物几何？"当其他同学还在冥思苦想时，华罗庚却很快举手回答："23！"老师颇为惊讶，走过来询问："你看过《孙子算经》？"华罗庚回答说："没有，也没听说过这本书。"原来这道题出自《孙子算经》，它是中国的"剩余定理"，传到西方后被称作"孙子定理"。老师又问："是你自己算的，那你说说，你是怎么算出来的？"华罗庚不慌不忙地陈述了他的思考演算过程："我是这样想的：这个数三三数之余二，七七数之也余二，这道题的答案可能就是 $3\times7+2$，我又一算，23用5除之正好余3，所以23就是所求的数了！"老师兴奋地告诉同学们："华罗庚同学的答案是正确的，演算的思路也是完全正确的。"从此，全班同学对华罗庚刮目相看了。

华罗庚的数学智慧，让老师大为惊喜。老师的鼓励又使得华罗庚兴趣大增，在数学上加倍用功，于是，数学成绩突飞猛进。

1925年华罗庚中学毕业后，进了上海中华职业学校，为的是毕业后能谋个会计之类的职业养家糊口。后来由于交不起学费，他没有毕业就失学了。他对数学非常感兴趣，靠着几本旧的几何书，一边帮着父亲整理杂货店，一边顽强地自学数学知识。有时他看书入了迷，竟忘了接待顾客，甚至把算题的结果当作顾客应付的货款，使顾客吓一跳。因为经常发生类似莫名其妙的事情，时间长了，邻居就给他起了个绰号，叫"罗呆子"。父亲又气又急，说他念"天书"念呆了，要强行把书烧掉。发生争执时，华罗庚总是死死地抱着书不放。

1929年，金坛县爆发瘟疫，华罗庚染上了可怕的伤寒病，持续高烧昏迷不醒。在家人的精心照料下，他总算活过来了。但是，由于缺乏医学常识，在卧床期间没有经常翻身，华罗庚的左腿关节变形，留下了残疾。后来华罗庚走路时左腿先划一个大圆圈，右腿再跨一小步，行走十分吃力。面对这一不幸，华罗庚却十分乐观，他幽默地戏称自己这种奇特而费力的步履为"圆周与切线的运动"。他顽强地与命运抗争，激励自己道："我要用健全的头脑，代替不健全的双腿！"

19岁那年，华罗庚凭着自学的数学功力看出了一位大学教授的论文有错误，写出了著名的论文《苏家驹之代数的五次方程式解法不能成立之理由》。这篇论文很快在上海出版的《科学》杂志第15卷第2期上刊登了。清华大学数学系主任熊庆来教授看到这篇论文后如获至宝，立即四处询问作者的身世经历，要人写信邀他来清华大学数学系。1932年秋天，当华罗庚一瘸一拐地走出北京前门火车站时，来接他的人愣住了，没想到这位22岁的青年，不仅出身卑微，而且身体有残疾！尽管如此，华罗庚还是在熊庆来教授的关照下当上了数学系的助理员。此后，他如鱼得水，在数学的王国里自由地起飞了。在清华大学的四年中，他一面工作，一面学习、旁听，一年半之后，他攻下了数学系的全部课程，还自学了英、德、法三门外语。24岁时，他已能用英文撰写数学论文，25岁时，已成为蜚声国际的青年学者。1936年，他被保送到英国剑桥大学进修，先后在美、日等国数学杂志上发表了十几篇有关数论方面的论文，引起国际数学界的赞誉。

1950年，华罗庚执教于清华大学数学系。1951年，他被任命为中国科学院数学研究所所长。在社会主义的新中国，华罗庚开始了数学研究的真正黄金时期。他白天拄着拐杖到学校讲课，晚上则以案板当书桌，在灯下常常研究到深夜。为了求证一个问题，他时常深夜从床上爬起来，拿起床头的报纸，在四周空白处进行演算、论证。走进他的屋子，桌子、床上、地上，到处堆满了演算稿纸。

1956年，华罗庚的重要论文《典型域上的调和分析》，荣获中科院第一批科学奖金一等奖。随后，他的《数论导引》问世。这部倾注了他多年心血的巨著，引起国内外数学界的强烈震动。他和万哲先合著的《典型群》一书，在国内外引起更大的反响，国外数学家再次为这位中国数学家惊叹不已。

在经济困难的时期，华罗庚思考以数学知识为国民经济做贡献。于是，他筛选出以改进工艺问题的数学方法为内容的"优选法"和以处理生产组织管理问题为内容的"统筹法"。1964年，华罗庚给毛泽东写信，建议在生产实践中推广两法以提高管理水平和效率，毛泽东回信称赞他的想法"壮志凌云，可喜可贺"。受此巨大鼓舞，华罗庚开始将他的主要精力放在数学方法和工业的普及应用上。近20年的时间里，他的足迹遍布20多个省、市、自治区，深入到工厂、矿山，用深入浅出的语言向工人和农民介绍优选法和统筹法，行程10万多千米。他使数学直接为国家创造了巨大的财富。华罗庚是中国最早把数学理论研究和生产实践紧密结合，并做出巨大贡献的科学家。

"1＋2"引升一颗数学巨星

陈景润攻克了200多年来世界著名数学难题——"哥德巴赫猜想"中的"1＋2"，创造了距摘取这颗数论皇冠上的明珠"1＋1"只是一步之遥的辉煌。他还证明了"每个大偶数都是一个素数及一个不超过两个素数的乘积之和"，这一结果被国际数学界誉为"陈氏定理"。至今，他的研究成果，仍居世界领先地位。国际数学大师阿·威尔称赞他："陈景润的每一项工作，都好像是在喜马拉雅山山巅上行走。"

为表彰他的杰出贡献，中国国家天文台将其发现的一颗小行星命名为"陈景润星"。

瘦弱古怪人

陈景润出生于福建省闽侯县（今福州市）。他天性内向，不善言谈，不喜欢和人交往，常常是一人独处，大家都觉得他是个"小怪人"。

"小怪人"有个好习惯，那就是爱看书，所以大家又给他起了个外号叫"小书虫"。

抗日战争全面爆发后，日军强占了福州，父亲带全家来到三明县。这是座破破烂烂的小城，四周是深山老林。在这里人生地不熟，兄弟姐妹们初来不适应，可小景润似乎没感觉有什么不好。他上了三一小学。这是一所简陋的学校，房顶上的灰瓦积尘生草，灰白的墙面斑驳脱落，天一下雨，教室里外都是泥水，可这一切似乎都与他无关，他只要有书读，就满足，就开心。

然而，一场灾难降临了。10岁那年，母亲突然病逝，这对于正懂得母爱也最需要母爱的小景润来说是一场大的灾难。经历了这次人生的悲剧，生性内向的他，更为沉默寡言了。

他把所有的时间和精力都集中在读书学习上。他初中时开始接触英语，而且对英语特别感兴趣，在自己的苦苦琢磨下，还把英语学习跟日常生活联系起来，取得了极佳的记忆和理解效果。他家周围没井，得到远处挑水。哥哥姐姐爱护他，不让他挑，但他总是觉得过意不去，力气虽小，可舀水的活儿能干，他就每次都陪哥哥姐姐一同去。路上，他跟哥哥姐姐讨论英语课文，还把福州俚话和一些顺口溜之类译成英语，引得大家赞叹不已。

抗战胜利后，陈景润随父亲从三明回到福州，上了英华书院（后来改名为英华中学，现在为福州高级中学）高一春季班。他父亲当邮电局局长，家境虽然不错，但陈景润节俭惯了，粗布旧衣，鞋帽破旧，大都是哥哥脱换的，他从不计较。由于酷爱看书，当时照明条件又极差，陈景润患上了严重的近视，戴着副深度眼镜，眼镜腿断了就用一根线绑着，或套在耳朵上，显得既滑稽又寒碜，但他从不在意。他每天总是早早就去上学，上完课就背起书包匆匆回家，一头钻进他的书堆中。同学们因此送了他一个外号叫"booker"，这并非是英语单词，而是福州方言中"书呆子"的译音。

一举成巨星

走进英华中学，对陈景润来说最幸运的是遇到了对他的一生产生重大影响的数学老师沈元。

沈元教授是留英博士，曾任清华大学航空工程系主任、北京航空学院校长、中国航空学会理事长。当时，沈教授因父亲去世回福州奔丧，遇战争期间南北交通暂时中断而滞留福州，被母校英华中学请来教数学。有一天，他谈起了世界数论中著名的难题——"哥德巴赫猜想"。陈景润痴痴地微张着嘴巴听着，他的思绪随着老师的话语穿云入雾，心荡神摇。又一次上课，沈老师诙谐而幽默地对同学们说："我昨天晚上做了一个梦，梦见你们中间有一个同学，他真是了不得，他证明了哥德巴赫猜想。""轰"的一声，所有的学生都笑了，陈景润也笑了。

后来，班上几个数学尖子，陆续向沈老师递交上答卷，说是自己把"哥德巴赫猜想"解答出来了。沈老师幽默地说："你们真的认为骑着自行车就可以到月球上去吗?"又是一阵开怀的笑声。这回陈景润没有笑，但他迷上了"哥德巴赫猜想"，牢牢地记住了老师讲的这道题、这个梦，在心里埋下了誓言。

他在脚踏实地完成了中学数学课程后，超前阅读大学数学的内容，把学校图书馆里高深的数学专著，包括《微积分学》、哈佛大学讲义《高等代数引论》《郝克士大代数学》等都借来钻研，还向老师借阅日本学者写的《微分学问题详解》《集合论初论》等，使他的数学水平大大超越中学阶段。

17岁那年，他高中尚未毕业，就以"同等学力"的资格，考取了素有"南方之强"美称的厦门大学数理系。因厦门当时是战区，入学时只有3个学生，加上上届1个留级生，总共才4个学生。当时的厦大数理系教师是人才济济，有几位是国内知名教授，他们都亲自讲授基础课程，并以自己做学问的经验引导学生。对陈景润最有影响的是曾留学日本的李文清教授，李老师对日本高木贞治的《初等数论》和数论史有特殊的研究，他上课深入浅出，很是吸引学生。他在课堂上，讲到了数论史上3个没有解决的难题："费马问题""孪生素数问题""哥德巴赫猜想问题"，还详细讲述印度数学家拉曼纽让攻克"数的分割"及"合成数的分布"等世界难题的故事，勉励学生说："我们班上谁要是能解决其中的一个问题，对世界就有了不起的贡献!"这再次使陈景润想起了高中课堂上沈元教授所讲的话和那个梦，他感到自己肩上沉甸甸的。

在老师们的激励和引导下，陈景润发愤钻研，除了吃饭，他的全部时间和精力全用在数学上，鼓浪屿风景诱人，他不去；南普陀好玩，他不去；学校每周末都放电影，他一次也没看过。他身体虚弱，患了肺结核住院，身体稍有好转就跑回学校上课。他心里只有书，脑子里只有数学题，有时简直像个傻瓜。天在下雨，他都没发现。走路撞了路边的树，他竟然躬身向树道歉："对不起，我不是故意的。"痴迷如此，有人送他一个雅号"爱因斯坦"，连女同学们也都这么叫他。

陈景润毕业后留在厦门大学数学系资料室工作。虽然他对外面的世界漠不关心，对自己的日常生活也不讲究，却不乏年轻人的豪情壮志。他刻苦钻研华罗庚的名著《堆垒素数论》《数论导引》。他不分昼夜，不管春秋，也不知道什么叫苦，什么叫乐，什么叫成功，什么叫失败，以滴水穿石的精神和超凡的韧劲，终于写成关于"他利问题"的论文，辗转交给华罗庚。华罗庚认真审阅后，交给了数论组反复审核，确认陈景润的想法和结果是正确的。华罗庚感慨万千地对他的弟子说："你们待在我的身边，倒让一个跟我素不相识的青年改进了我的工作。"

1956 年 8 月，"全国数学论文报告会"在北京举行。经华罗庚推荐，陈景润参加了会议，并在会上宣读他的论文。《人民日报》在报道这次大会时，特别指出："从大学毕业才三年的陈景润，在两年的业余时间里，阅读了华罗庚的大部分著作，他提出的一篇关于'他利问题'的论文，对华罗庚的研究成果有了一些推进。"

从贫困中靠自学奋斗出来的华罗庚，曾有幸获得名师和伯乐的推荐、扶持而成为中国数学界的一代宗师。他以己推人，全力保荐，将陈景润调到北京，进入全国最高研究机构——中国科学院数学研究所，给他攀登科学高峰开辟了道路。

1966 年春，33 岁的陈景润掀开了数学史上闪亮的一页——终于攻克了世界著名数学难题"哥德巴赫猜想"中的"1＋2"，震惊了国际数学界。

虽然"1＋1"问题（"哥德巴赫猜想"）至今未解决，但陈景润对它的最终被解决做出了重要贡献。

轰动世界的"克隆先驱"

童第周是中国实验胚胎学的主要创始人。他毕生致力于发育生物学的研究，其中对细胞质在个体发育、细胞分化和性状遗传中的相互关系方面取得了创造性的学术成就，当时居国际同类研究的先进行列。

他和美籍华裔科学家牛满江合作，从鲫鱼卵巢成熟卵子中提取信息核糖核酸，注入刚受精的金鱼卵，促成遗传型特性形成，育出"童鱼"，开创了异种核移植的先河，被誉为世界"克隆先驱"。

作为教育家，他长期在高等学校任教，培养了一大批生物学人才。中国科学院海洋研究所前立有童第周的铜像。

村娃立大志

童第周出生在浙江省鄞县的一个偏僻山村里，母亲务农，父亲教私塾。小第周自幼随父识字，读《三字经》《神童诗》等传统的蒙学课本。他天资聪颖，很快就在学童中显示了出类拔萃的才华。

小第周好奇心极强，眼睛好"管事"，嘴巴好发问。有一天课间休息，他和其他学童在屋檐下石头台阶上做游戏，发现石板上有一串光溜溜、圆润润的小窝坑，心中就顿生疑问："这是谁凿的呢？做什么用的呢？"他想不明白，放学回家后便问父亲，父亲微笑着回答："这些小窝坑不是人凿的，是那屋檐上的水滴出来的！"小第周歪着脑袋不相信："檐上水滴在人脸上手上都不疼，怎么会把那么硬的石板滴出窝坑来呢？"父亲觉得儿子很能用脑子思索，就蹲下身子指着那些小窝坑耐心地解释："一滴水当然敲不出窝坑来，但是，长年累月不断地滴，滴它个许多年，不但能滴出窝坑来，而且还能把石头滴穿呢！有个成语就叫'滴水穿石'。其实，天下许多事都是这样的，读书也是这个道理啊，大学问家肚里的知识，也是靠一点一滴积累的，一个字一个字地认，一本书一本书地读！一天两天，一年两年，许多年下来，自然就成了学问家了！"小第周认真地点头："阿爸，我会一本一本地读下去，读破万卷书，做个学问家。"父亲高兴地抚摸着儿子的头，鼓励说："好样的！男儿当有这个志气！"

小第周长大了，像村里所有农家孩子一样，勤劳懂事，放学后他常帮家里放牛喂猪干农活。到了农忙季节，他见母亲起早贪黑，有时累得腰都直不起来了，而父亲身体瘦弱帮不上忙，他就在家里做饭忙杂事，还主动到地里做活，误了时就没去学堂，功课断断续续的。儿子如此懂事，父亲心里高兴，可又担心儿子这样下去会荒废学业，晚上在给儿子补课时，他严肃地告诫小第周：功课偶尔因事间断并不可怕，因为可以补上，但求知的心不可荒废啊，当学问家的理想不要忘啊！小第周深受教育，便更加刻苦读书，农忙时，他也总是边劳动边学习，从不荒废功课。

14岁那年，父亲病逝了，小第周便顶替父亲当起小先生教起学童来。"学然后知不足，教然后知困"，小第周通过当先生，深感自己知识有限，便希望再读些书。后来他考进了食宿免费的宁波第四师范学校。读了一年，他又感到不满足，于是又进了宁波效实中学当插班生。这所学校远近闻名，开设有英文和数、理、化，各科要求都很严。由于他这几门课原来基础太差，尽管起早贪黑地苦学，但还是跟不上，他第一学期的总平均分数只有45分。根据规定，他必须退学或留级。他向校长一再恳求，学校见他很诚恳也能苦学，便勉强同意他再跟班试读一学期。他没有退路，只有拼搏，珍惜每时每刻，勤问于老师，求教于同学，解疑惑，攻难关，一步一步地追赶上来，第二学期他的总平均分终于达到70多分。

同学们都佩服他，老师和校长也赞扬他。这样，他信心更足，再接再厉，到高三期末考试，他总成绩名列全班第一，几何还得了个100分。校长无限感慨地说："我从事教育多年，从未见过进步这样快的学生！"后来，童第周深情地回忆说："在效实的两个'第一'，对我一生有很大的影响。它使我知道自己并不比别人笨，别人能做到的，我也一定能做到，世界上没有天才，天才是用劳动换来的。"

蛙卵怎么剥

勤奋让童第周获得了进步和自信，从此他更是奋发拼搏，勇往直前，以优异成绩被复旦大学录取。就读期间，他选修了当时很新鲜时髦的心理学。时任复旦大学代理校长的郭任远就是心理学教授，于是便成了童第周的授课教师。郭校长思维方式特别，在学术上追求创新，他怀疑"动物本能说"，并对之发起挑战。猫为什么吃老鼠？这是猫的本能。郭校长不信，于是开始做实验：把小猫和老鼠关在一起，发现它们并不相犯。猫稍大些后，有时想触犯老鼠时，便在其间安装一个小"电网"，猫一伸爪，便触电，吓得立刻缩爪回来。过了一段时间后，把"电网"撤了，猫也不去触犯老鼠，与老鼠相安无事了。实验证明：猫吃老鼠不是生下来就想吃的，而是后天"学"来的，一举推翻了那个"本能"说。此事对童第周的认识观触动很大，他说："这个实验和观点，给我的启示是，不能盲从前人的学说和观点，要从科学实验中获得真知，这对我以后的研究工作产生了很大的影响。"

1927年7月，25岁的童第周从复旦大学生物系毕业，到处奔波，却找不到一份合适的工作。几经周折，在老师帮助下，他才在中央大学动物系谋得个助教的职位。不料刚上班，就遇着个喝过洋墨水的胖教授对他盛气凌人，把他给气得打赌发誓："我也去国外学几年，让这种人看一看！"

后来，童第周真的出国了。他进入了比利时最有名的大学——比京大学，跟着欧洲生物界最有名望的布拉舍教授学习。这里聚集着几个国家的博士生和教授级的访问学者，他们对初来的黄皮肤年轻人不屑一顾，同在一个研究室里，就是不跟他答腔，却在一边小声嘀咕说嘲讽话："东亚病夫也配在这种高等级的研究室深造，真是不可思议。"童第周听了，心如针扎，因正在工作，不好直接回击，但他在心里暗暗告诫自己："要使中国人脸上光彩起来，就得要拿出点真本事来让他们瞧瞧！"从此，他也不跟他们啰嗦，除了向导师虚心请教外，就独自刻苦钻研理论，精心磨砺实验技术，常常最早进实验室，最后一个离开，接连工作十几小时，即使天寒地冻，也一样地刻苦奋斗着。

第二年春天，布拉舍教授病了，他的助手达克教授负责实验工作后，立即进行一项难度较高的实验：剥去青蛙卵膜。这是达克教授自己曾经努力却都没有取得好结果的实验，他决心再做一次。博士、教授们都跃跃欲试，争先恐后地上去做实验，却一个个地无功而返。怎么办？达克把目光投向童第周，那几个失败者都在一旁冷眼等待着。童第周向达克点了点头，慢步走上去，镇定地在实验台上熟练地操作起来，结果是既好又快地完成了。这让在场的人都十分惊讶。达克兴奋极了："我们搞了多年都没有成功，童来后成功了。中国人真行！"达克把大家叫到跟前，要童第周再当场示范表演一下。童第周淡淡地微笑说："卵内有压力，先刺一个小洞，压力降低了，就好剥了。"原来就这么简单！达克立即严肃地告诫大家："这项技术要保密！"此后，做试验的技术工作都成了童第周的事，比如染色、实验画图等。童第周也乐于多做，多做才能获得经验和真知啊！

事过几十年后，在1978年夏天的文艺科技界人士联欢会上，有人问起他的往事，他激动地说："在旧社会，使我愤怒和痛苦的事太多了，一时说不完。只有两件事，我一想起来就很高兴：一件是我在中学时，第一次取得100分。那件事使我知道：我并不比别人笨。别人能办到的事，我经过努力也能办到。世界上没有天才，天才是用劳动换来的。另一件事就是我在比利时第一次完成剥除青蛙卵膜的手术。那件事使我相信：中国人也不比外国人笨。外国人认为很难办到的事，我们照样能办到。"

"童鱼"惊世界

童第周获得博士学位后就准备回国，达克教授一心挽留他："再等一年，再写一篇论文，就可再得一个特别博士学位。"但被童第周婉言拒绝，他心里想："要搞工作，应该回祖国去搞；有成绩，为什么要给别的国家？"就这样，童第周怀着满腔激情回到了祖国，他选择位于青岛的山东大学作为自己从事海洋生物教学和研究的基地，并把夫人叶毓芬也拉到一起搞研究。

可时逢恶势。日本侵略军步步进攻，国民党军队节节败退，山东大学在敌军炮火声中仓促南迁，随后又解散。童第周失业了，和夫人一起来到四川。在友人介绍下，他们来到在四川北碚的复旦大学教学。童第周在教学之余，心里总念着他的实验方案，终日焦急，便跟夫人商量："我们搞点研究吧！"这时大家都在为日常的柴米油盐发愁，根本没有精力去搞科学研究。夫人明白他的苦心，只好婉言相劝："连台显微镜都没有，咱们如何干啊！等等吧！"

有一天，童第周从学校回家，路过镇上一个旧货商店，无意中发现一架德国老式双筒显微镜。他喜出望外，开口要买，可老板向他伸手要6万元。这把他震傻了，他们夫妻把嘴封了不吃不喝，花光两年的薪水也不够啊。童第周回到家里焦急地乱转，吃不香，睡不宁，跑遍各个部门机构和亲朋好友苦苦相求，终于凑齐了钱把显微镜买了回去。有了显微镜，别的困难都不在话下了。他和夫人一道忘我地工作着，一年四季，不分日夜，矢志不渝地探索生命的奥秘，人们把他俩誉为生物学界的"居里夫妇"。他们在脊椎动物、鱼类和两栖类动物的卵子发育能力研究方面，不断取得重要成果而震动国际学界，被邀请到美国耶鲁大学动物系和林穴海洋生物研究所进行考察研究，并受聘为英国剑桥大学研究员。

1949年，当听到新中国即将成立的消息后，童第周立即准备回国。美国方面以优厚待遇挽留他，被他果断拒绝，"我是中国人，我的最大愿望是让中国快些富强起来！我学到的科学知识，必须首先为中国服务。现在中国有希望，我得赶快回国去！"童第周回国后，立即受命组建了中国第一个海洋研究机构——中国科学院水生生物研究所青岛海洋生物研究室，展开了对海洋生态学、生物学的研究。他们招收了大批学生，培养壮大起物理化学、海洋学和海洋地质学队伍。后来，童第周还担任了国家领导职务，更是如火如荼地开展各方面的工作。

在他70岁高龄时，从事核酸研究的美籍华人科学家牛满江回国探亲，特地拜见久仰大名的童第周。两位生物学家，心有灵犀一点通，合作进行了一项前无古人的科学实验。他们通过实验，成功地从鲫鱼成熟卵子细胞质内提取了信息核糖核酸，注射到金鱼的受精卵中，然后精心地培养和观察。这批特异的金鱼卵一天天长大，孵出了小鱼苗，鱼苗又一天天长大。奇迹出现了，这是世界上独一无二的单尾金鱼。这批金鱼显示出了从鲫鱼细胞质中带来的遗传性状，雄辩地证实了童第周的科学创见：细胞是一个整体，细胞内的细胞核和细胞质各有功能，互相影响，而细胞质对遗传也有一定作用。

人们把这种新生鱼类，以童第周的姓氏命名为"童鱼"。这一科学实验的成功，破除了细胞质对遗传不起作用的定论性说法，在发育生物学和分子遗传学研究上实现了一个重大突破，在国内外学术界产生了巨大的震动和深远的影响。因此，今天的人们在议论"克隆牛""克隆羊""克隆人"的时候，当然不会忘记创造"童鱼"的"克隆先驱"——童第周。

慈云桂立下军令状

　　慈云桂教授是中国著名计算机科学家，为中国的计算机事业做出了卓越的贡献。他在研制成功中国第一台专用电子计算机、晶体管通用数字计算机和百万次大型集成电路计算机之后，于1978年3月又欣然接受了研制亿次巨型计算机的艰巨任务。并向领导机关立下了军令状：一亿次一次不少；六年时间一天不拖；预算经费一分不超。"现在我刚好60岁，就是豁出这条老命，也一定要把我国的巨型机搞出来！"

　　中国的计算机专家瞄准了世界上最先进的计算机，但是却没有同等的物质条件。

　　外国计算机公司已进入电子时代，全套的自动化流水线，而我国有些工序还停留在"象牙雕刻"的时代，元器件的质量低而不稳。

　　然而，"穷且益坚，不坠青云之志"。他们从世界先进技术的百花园里采集花粉，酿自己的蜜，为我国第一台巨型机设计了巧妙的结构：双阵列。他们把计算机的"一路纵队"改成"双路纵队"，同时连结运算，并为之铺设双轨，修建众多而合理的仓库群保证供数。这样，主机的主频不变，运算速度可以成倍增加。

　　如果把计算机硬件比作舞台，软件就是舞台上演出的话剧；如果把硬件比作人体，软件则是这个人的知识和才能。而我国巨型机的软件系统就像一块贫瘠而荒芜的土地，不改变这种"荒芜"，巨型机就是一座徒有其名的舞台、一个四肢发达而头脑贫乏的巨人。

　　要在短短几年内把巨型机的头脑武装起来，工程量巨大得让人难以想象，而软件人员更是寥若晨星。最初只有20来人，后来八方支援，逐渐增加到几十人。为了装备中国巨型机的"头生子"，这批中年科技人员开始了长年累月的超负荷高速运转。

为了保证巨型机的稳定性和可靠性，科研人员和工人们发扬当年从研制晶体管通用数字计算机培养起来的老传统：一丝不苟，坚持质量第一。

下面这三组数字便是例证：

全机底板25000条绕接线，12万个绕接点，都检查八遍以上；

全机800多块多层印制板，每块板上平均有5000个金属化孔，全部进行孔壁检查、孔导通测试和绝缘测试；

全机600多块插件板，每块板上有将近4000个焊点，他们创造了200多万个焊点无一虚焊的奇迹。

从1983年起，国防科大邀请了石油部、国家气象局、总参、鞍钢等二十来个单位，在巨型机上试算了42道过去在国内其他机型上难以运算的重大题目，都得到了圆满的结果。

1983年11月，国家技术鉴定组对巨型机的各项性能，进行了我国计算机史上最严格的技术考核。按规定，允许主机24小时出一次故障，但在连续考核的12天里，主机运转了288个小时无一次故障。

中国的第一台巨型计算机研制成功后，张爱萍同志亲自为它题名为"银河"。

银河亿次机的诞生，向全世界宣布：中国成了继美、日等国之后，能够独立设计和制造巨型机的国家。

金庆民南极寻宝

金庆民是国家地矿部南京地质矿产研究所副研究员，1961 年毕业于北京地质学院，在地质战线工作了 30 年。她曾受国家委派，两次赴南极洲进行科学考察，并获得了许多宝贵的地质资料。在南极最高峰文森峰地区发现了大铁矿，填补了地质学研究的空白，为祖国的地质事业做出了巨大的贡献。

1961 年金庆民大学毕业后，没有留恋大城市的安逸生活和优越的工作条件，毅然来到新疆，奋战戈壁滩 20 个春秋。1980 年，她在塔里木盆地的西北边缘发现了金佰利岩，被列为国家的一项地质新发现，为新疆的金刚石找矿工作提供了依据。1984 年，她参与编制的新疆天山 1∶500000 地质图与矿产图获得了新疆维吾尔自治区的奖励。

地质工作是艰苦的，而女同志更要付出超人的代价。在野外探矿，以前女同志尚未有过，但金庆民打破了这一惯例，常年在雪山上攀登，在浩瀚无垠的大沙漠里跋涉。断水、缺粮、迷途、翻车，似乎已成家常便饭，但她与队员们以苦为乐，勇敢地向下一个目标挺进。

为了事业，她长期与爱人分居两地，三个孩子由远在浙江的姑妈照看，以至于孩子见到她竟不相认，喊她"舅妈"。

1986 年，受国家委派，金庆民加入我国第三次南极考察队，踏上了冰雪王国。在长城站，她与男同志一道参加扩建劳动，修筑码头，卸运物资，盖房修路。每天行程 30 多里，测制了 1∶10000 地质图 20 平方千米，采集了 420 多块岩石标本。经过 77 天的艰苦奋战，终于胜利地完成了考察任务。

1988 年，经国务院批准，金庆民又参加了中美联合南极登山科学考察队，对南极腹地文森峰进行登山探险科学考察活动。

文森峰，人称"死亡地带"，海拔 5140 米，终年被冰雪覆盖。在此之前，世界上尚没有一位女性踏上过这块土地。涉足死亡地带前，中美双方的协议上规定探险队员若遇不测，遗体将不运回本国。

面对这一切，金庆民想的只是祖国地质事业的腾飞，早日把五星红旗插上南极最高峰。她毅然在照会上写下了"金庆民"三个字，坚定地踏上了南极之路。

南极探险的艰苦程度远远超过大家的想象。暴风雪时常将他们的帐篷卷走。一杯咖啡喝不到一半就结了冰，稍不留意，舌头就会粘在勺子上被扯掉一块皮。

进入南极腹地第三天，金庆民决定一人独闯山峰，进行为期四天的科学考察。

"您一个人留在这儿太危险了！"同伴不断地劝告她。美方队员也关切地说："金女士，您一个人行吗？您想过没有，暴风雪一来，帐篷被掀跑，您就……"

金庆民一个人留在了那里。那里，气温极低，一片冰海。但强烈的事业心像熊熊的烈火在她胸中燃烧，驱使她去探索，去攻坚。

和战友分开的第四天，金庆民在一道山脊上，发现了铁矿露头。为了追溯铁矿带，她沿着陡峭的山脊行走进行地质考察。这是 20 千米长、200 米厚的含铁岩层。她欣喜若狂，中国人在南极发现铁矿了！她把一面五星红旗插在矿体上，对着茫茫冰原大声呼喊：

"祖国啊，为你的女儿骄傲吧！"

天才是这样炼成的

成长密码

1922 年，杨振宁出生于安徽省合肥县（今肥西县）。他出生不满周岁，父亲杨武之便考取留美公费生而出国了。直到杨振宁 6 岁的时候，父亲才从美国回来。当时，杨振宁在母亲的辅导下，4 岁开始认字，5 岁时记住了 3000 多个汉字，6 岁时已念过《龙文鞭影》，并能轻松地背出来。

7 岁的时候，他们全家住在父亲任教的清华大学里。当时中国正处于动荡不安的时期，但杨振宁生活在一个被保护起来的特殊环境里，并且父亲对他的管教也比较宽松，所以在他的童年记忆里，这是一段非常快乐的时光。

杨振宁爱读书，也爱动，几乎清华园里的每一棵树他都爬过，每一棵草、每一朵花他都长久地观察过。在上学的路上，哪怕遇到一只蝴蝶，或看到蚂蚁搬家，他都会停下来很长时间。

杨振宁超常的数学天赋在很小的时候就表现出来了，只是他的父亲并不着急让他学数学，而是引导他多看一些传统文化方面的知识，比如让他暑假学《孟子》。

不过，父亲书架上那些外文版数学书籍却引起了小振宁的注意，只是有限的外文阅读能力又让他不得不时常向父亲求教，可父亲却总是说："慢慢来，不要急。"

正是在"慢慢来，不要急"的家庭氛围中，杨振宁快乐地成长着，也就是在这段时期，他读完了小学，接着又读了初中、高中，并且成绩一直名列前茅。16岁时，他便考入著名的西南联合大学。

进入大学，一心喜欢化学的杨振宁就报了化学系，但入学考试需要考物理，为了考试，他补了一个月物理，之后，他开始觉得物理比化学更"有趣"、更合他的"口味"，于是便放弃化学，转而进了物理系。对于他的选择，父亲没有干涉，只给了他一句"忠告"，当然仍是那句"老生常谈"的话——"慢慢来，不要急"。

从西南联大顺利毕业后，杨振宁决定到美国继续深造。到了美国后的杨振宁，学习上更加刻苦努力，专业上更是精益求精，一步一步地向着他的人生目标稳步迈进。

成功之道

杨振宁数学学得特别好，但他最后却选择了物理作为自己的研究方向。

小时候，一本叫《神秘的宇宙》的书激发了他学习物理的兴趣，于是他跑到父亲面前，认真地对父亲说："爸爸！我长大了要争取拿到诺贝尔奖！"爸爸鼓励他说："那就好好学吧！不用太着急。"

没有想到，杨振宁说出的这句话在学校里迅速地传开了，人们戏言："杨武之的儿子数学很好，为什么不子从父业攻读数学而学物理呢？哦，对了，因为数学没有诺贝尔奖！"

因为高中阶段杨振宁没有接触过物理，所以他报考西南联合大学时考的是化学系，后来又转到了物理学系。在西南联合大学1938年入校的新生里，16岁的杨振宁是同学中年龄最小的一个。

那个时候的西南联大条件非常简陋，据说，当时的学生宿舍是土墙茅草房或土墙铁皮房，教室是铁皮顶的房子，下雨时会叮叮咚咚响个不停。教室的地面是泥土地，平整的地面没过多久就会变得七坑八洼。教室的窗户没有玻璃，刮风下雨时必须用东西把纸张压住，否则会被风吹掉下来。

即便在这种条件下，学校师生依然苦中作乐，幽默地称吃的掺带谷子、稗子、沙子的糙米饭是"八宝饭"，穿的漏了底的鞋是"脚踏实地"，前后都破洞的鞋是"空前绝后"。

西南联大的考试制度很严格，一般人想顺利毕业很难。学校规定大学本科四年，必须学满 130—140 个学分（各系不完全一样），经考试合格（任何一科都不准补考）才能毕业，因而不少学生考取联大却读不到毕业。在联大接受过教育的 8000 余人中，正式毕业生只有 2522 人（休学、参军者不计在内）。1942 年 7 月杨振宁毕业时，物理学系包括他在内最终完成学业的只有 9 人。

杨振宁凭借优异的成绩当年通过了本校物理学部研究生考试。

1944 年 7 月，研究院 6 位研究生正式毕业。此时，获得理学硕士学位的杨振宁才 21 岁，也是 6 位毕业生中年龄最小的。

杨振宁后来在《读书教学四十年》中回忆说，在西南联大的几年学习时间，对他的一生产生了巨大影响。他找到了自己的兴趣所在，尤其是后面两年念研究生的时候，渐渐地能欣赏一些物理学家的研究风格。

他还说，西南联大是中国最好的大学之一。他在那里受到了良好的大学本科教育，也是在那里受到了同样良好的研究生教育。最主要的是他没有放弃自己的努力，没有放松对自己的要求，时刻在向科学的高峰攀登。

1956 年，在美国，杨振宁和李政道一起合作，共同发现宇宙不守恒定律，并于第二年获得诺贝尔物理学奖。这一年，他年仅 35 岁，而一项科学成果在发表第二年即获得诺贝尔奖，这在诺贝尔奖的历史上还是第一次。

世界"杂交水稻之父"

20世纪60年代，在中国"绿色革命"的大潮中，涌现出一位攻下"杂交水稻"难题的科技新星，这就是被外国人誉为"杂交水稻之父"的袁隆平。

袁隆平1930年9月1日出生于北平（今北京），幼年正值九一八事变，日本侵华并逐步侵占华北和中国内地。袁隆平一家和全国千千万万同胞一样过着逃难生活，曾易地湖北、湖南、四川三省的几十个地方。国破家亡的中国人民遭受日本侵略军空袭，尸横遍野。这些悲惨景象，给袁隆平童年的心底，留下深深的民族创伤，也在他脑海里产生了一串串的问号：为什么中国百姓如此被人欺侮，任人宰割？为什么外国强盗在中国如此横行霸道？面对国破家亡的严酷现实，袁隆平从小就立志：要做一个使中国富强、不受外国强盗欺侮的人。

袁隆平在当时的大后方重庆上的高小和初中。他学习不愿死记硬背，喜欢思考，善于提问，从思考中加深对基本原理的理解。他不仅学习成绩优秀，而且兴趣爱好广泛，学会多种姿势游泳，可以横渡长江。抗日战争胜利后，他随父亲迁回汉口上高中，曾获汉口赛区男子自由泳冠军。1948年，袁隆平又随父迁到南京，并在南京中大附中读完了高中全部课程。

高中毕业以后，考什么大学，学什么专业，成为袁隆平全家议论的焦点。他父亲希望他通过上大学能升官发财，光宗耀祖。袁隆平自己却在中学阶段就对生机盎然的花草、果木和大自然产生了极大兴趣。在母亲支持下，袁隆平义无反顾地报考了重庆一所学院的农学系，高高兴兴地跃入了"农门"。

1949年11月，重庆解放了。袁隆平上的农学系，经合并、调整，成为农业部所属的全国重点高等农业大学。1953年夏，结束了大学学习生活，他服从分配，到湖南省偏僻的安江农校任教，开始了他长达19个春秋的教学生涯。

1960年罕见的天灾人祸，带来了严重的粮食饥荒，一个个蜡黄脸色的水肿病患者倒下了……袁隆平的5尺之躯也经历了饥饿的痛苦。

袁隆平目睹了严酷的现实，辗转反侧不能安睡。他想起旧社会，人民受统治阶级的剥削压迫，受战争的痛苦，缺衣少食，流离失所。今天，人民当家做主，但仍未摆脱饥饿的威胁。他决心努力发挥自己的才智，用学过的专业知识，尽快培育出亩产过800斤、1000斤、2000斤的水稻新品种，让粮食大幅度增产，用农业科学技术战胜饥饿。

他依据对遗传学已有的较深的认识，对试验田里的退化植株进行仔细观察和统计分析，不仅论证"鹤立鸡群"的稻株是"天然杂交稻"，而且从其第一代的良好长势，充分证明水稻也存在明显的杂交优势现象，试验结果使他确信，搞杂交水稻的研究，具有光明的前景！

可是，杂交水稻是世界难题。因为水稻是雌雄同花的作物，自花授粉，难以一朵一朵地去掉雄花搞杂交。这样就需要培育出一个雄花不育的稻株，即雄性不育系，然后才能与其他品种杂交。这是一个难解的世界难题。袁隆平知难而进，他认为，雄性不育系的原始亲本，是一株自然突变的雄性不育株，也能天然存在。中国有众多的野生稻和栽培稻品种，蕴藏着丰富的种子资源，是水稻的自由王国，"外国没有搞成功的，中国人不一定就不能成功"。

袁隆平迈开了双腿，走进了水稻的茫茫绿海，去寻找这从未见过、而且中外资料中也没见过报道的水稻雄性不育株。时间一天天过去，袁隆平头顶烈日，脚踩烂泥，驼背弯腰地、一穗一穗地观察和寻找。"功夫不负有心人"，他终于在第14天发现了一株雄花花药不开裂、性状奇特的植株，这让他欣喜若狂。

1964年6月至1965年7月，他和妻子邓哲，又先后找到了6株雄性不育的植株。成熟时，分别采收了自然授粉的第一代雄性不育材料的种子。经过两个春秋的试验和科学数据的分析整理，他撰写出第一篇重要论文《水稻的雄性不孕性》，发表在1966年《科学通报》第17卷第

4期上。文中还预言，通过进一步选育，可以从中获得雄性不育系、保持系(使后代保持雄性不育的性状)和恢复系(恢复雄性可育能力)，实现三系配套，使利用杂交水稻第一代优势成为可能，这将会给农业生产带来大面积、大幅度的增产。这篇重要论文的发表，被一些同行认为是"吹响了第二次绿色革命"的进军号角。

又经过8年历经磨难的"过五关"(提高雄性不育率关、三系配套关、育性稳定关、杂交优势关、繁殖制种关)，到1974年，他配制种子成功，并组织了优势鉴定。1975年他又在湖南省委、省政府的支持下，获大面积制种成功，为次年大面积推广做好了种子准备，使该项研究成果进入大面积推广阶段。

1975年冬，国务院作出了迅速扩大试种和大量推广杂交水稻的决定，国家投入了大量人力、物力、财力，一年三代地进行繁殖制种。1976年定点示范208万亩，在全国范围开始应用于生产，到1988年全国杂交稻面积达1.94亿亩，占水稻面积的39.6％，而总产量占18.5％。10年全国累计种植杂交稻面积12.56亿亩，累计增产稻谷1000亿千克以上，增加总产值280亿元，取得了巨大的经济效益和社会效益。

随着杂交水稻的培育成功和在全国大面积推广，袁隆平名声大震。在成绩和荣誉面前，袁隆平公开声称现阶段培育的杂交稻的缺点是"三个有余、三个不足"，即"前劲有余、后劲不足；分蘖(niè)有余，成穗不足；穗大有余，结实不足"，并组织助手们，从育种与栽培两个方面，采取措施加以解决。

20世纪80年代初期，面对世界性的饥荒，袁隆平心中再一次萌发了一个惊人的设想，大胆提出了杂交水稻超高产育种的课题，试图解决更大范围内的饥饿问题。

1985年，袁隆平以强烈的责任感发表了《杂交水稻超高产育种探讨》一文，提出了选育强优势超高产组合的四个途径，其中花力气最大的是培育核质杂种。可是经过多年的育种实践，却没有产生出符合生产要求的组合。他便果断迅速地从核质杂种研究中跳了出来，向新的希望更大的研究领域进军。

袁隆平认真总结了百年农作物育种史和 20 年"三系杂交稻"育种经验，以及他所掌握的丰富的育种材料，于 1987 年提出了"杂交水稻育种的战略设想"，高瞻远瞩地设想了杂交水稻的三个战略发展阶段，即"三系法为主的器种间杂种优势利用；两系法为主的籼粳亚种杂种优势利用；一系法为主的远缘杂种优势利用"。这是袁隆平杂交水稻理论发展的又一座新高峰。

在袁隆平的战略思想指引下，继湖北石明松 1973 年在"农垦 58"大田中发现一株不育的光敏感核不育材料之后，1987 年 7 月 16 日，李必湖的助手邓华凤，在安江农校籼稻三系育种材料中，找到一株光敏不育水稻。历经两年三代异地繁殖和观察，该材料农艺性状整齐一致，不育株率和不育度都达到了 100％，不育期在安江稳定 50 天以上，并且育性转换明显和同步。这一新成果，为杂交水稻从"三系法"过渡到"两系法"开拓了新局面。关于水稻"无融合生殖"研究的进展，也使一系法远缘杂种优势利用研究迈出了可喜的一步。袁隆平对杂交水稻研究的前景，充满必胜信心。

随着杂交水稻在世界各国试验试种，杂交稻已引起世界范围的关注。近年来，袁隆平先后应邀到菲律宾、美国、日本、法国、英国、意大利、埃及、澳大利亚 8 个国家讲学、传授技术、参加学术会议或进行技术合作研究等国际性学术活动 19 次。自 1981 年袁隆平的杂交水稻成果在国内获得建国以来第一个特等发明奖之后，从 1985—1988 年的短短 4 年内，又连续荣获了 3 个国际性科学大奖。

袁隆平从湖南省偏僻的安江农校里走来，由一位山村中等农校的青年教师变身为举世瞩目的世界名人，进而登上了"杂交水稻之父"的宝座，这是党和人民培养教育的结果，更是他自己不懈追求的回报。目前，我国杂交水稻的研究事业方兴未艾，正朝着袁隆平新的战略设想的方向迅猛发展！

文艺大家

司马迁忍辱著《史记》

继父志，任史官

司马迁，宁子长，汉景帝中元五年(公元前145年)出生于龙门山下(在今天的陕西省韩城市)。

元封三年(公元前108年)，司马迁继承父亲司马谈的遗志，当上了太史令，开始从皇家藏书馆中整理选录历史典籍。司马迁的祖先并不十分显要，其家族世代掌管太史的官职。但是司马迁和他的父亲都以此为荣，在他们的心目中，修史是一项崇高的事业。他们为此奉献了自己一生的精力。

司马谈一直准备写一部贯通古今的史书。在父亲的直接教导下，司马迁10岁时便开始学习当时的古文。后来，他又跟着董仲舒学习《春秋》，跟孔安国学习《尚书》。司马迁学习刻苦，进步非常快，极有钻研精神。

司马迁的父亲病危时，拉着儿子的手，流着眼泪对他说："……我死了以后，

你一定要接着做太史，千万不要忘记我一生希望写出一部通史的愿望。你一定要继承我的事业，不要忘记啊!"这一番谆谆嘱托极大地震动了司马迁，他看到了父亲作为一位史学家难得的使命感和责任感，他也知道父亲将毕生未竟的事业寄托在自己的身上。司马迁低着头，流着泪，悲痛而坚定地应允道:"儿子我虽然没有什么才能，但我一定完成您的志愿。"

司马迁做了太史令以后，就有了阅读外面看不到的书籍和重要资料的机会。这为他以后著《史记》提供了良好的条件。可是，资料整理工作非常繁复。由于当时的那些藏书和国家档案都杂乱无序，连一个可以查考的目录也没有，司马迁必须从一大堆的木简和绢书中找线索，去整理考证史料。司马迁几年如一日，绞尽脑汁，费尽心血，几乎天天都埋着头整理和考证史料。

司马迁一直记得父亲的遗志，他决心效法孔子编纂《春秋》，写出一部同样能永垂不朽的史著。公元前104年，司马迁在主持历法修改工作的同时，正式动手写他的伟大著作《史记》。

直言受宫刑

天汉二年(公元前99年)，正当司马迁全身心地撰写《史记》之时，却遇上了飞来横祸，这就是李陵事件。

这年夏天，汉武帝派自己的宠妃李夫人的哥哥将军李广利领兵讨伐匈奴，另派李陵随从李广利押运辎重。李陵带领步卒5000人出居延，孤军深入浚稽山，遭遇匈奴8万骑兵围攻。经过八昼夜的战斗，李陵斩杀了1万多匈奴，但由于他得不到主力部队的后援，结果弹尽粮绝，不幸被俘。

李陵兵败的消息传到长安后，武帝本希望他能战死，却听说他投降了，愤怒万分。满朝文武官员察言观色，见风使舵，几天前还纷纷称赞李陵的英勇，现在却附和汉武帝，指责李陵的罪过。汉武帝询问太史令司马迁的看法。司马迁一方面安慰武帝，一方面也痛恨那些见风使舵的大臣，尽力为李陵辩护。他认为李陵平时孝顺母亲，对朋友讲信义，对人谦虚礼让，对士兵有恩信，常常奋不顾身地急国家之所急，有国士的风范。司马迁痛恨那些只知道保全自己和家人的大臣，他们如今见李陵出兵不利，就一味地落井下石，夸大其罪名。他对汉武帝说："李陵只率领5000步兵，深入匈奴，孤军奋战，杀伤了许多敌人，立下了赫赫功劳。在救兵不至、弹尽粮绝、走投无路的情况下，仍然奋勇杀敌，就是古代名将也不过如此。李陵自己虽陷于失败之中，而他杀伤匈奴之多，也足以显赫于天下了。他之所以不死，而是投降了匈奴，一定是想寻找适当的机会再报答汉室。"

司马迁的意思似乎是将军李广利没有尽到他的责任。他的直言触怒了汉武帝，汉武帝认为他是在为李陵辩护，讽刺劳师远征、战败而归的李广利，于是下令将司马迁打入大牢。

司马迁被关进监狱以后，案子落到了当时名声很臭的酷吏杜周手中。杜周严刑审讯司马迁，司马迁忍受了各种肉体和精神上的残酷折磨。面对酷吏，他始终不屈服，也不认罪。司马迁在狱中反复不停地问自己："这是我的罪吗？这是我的罪吗？我一个做臣子的，就不能发表点意见？"不久，有传闻说李陵曾带匈奴兵攻打汉朝。汉武帝信以为真，便草率地处死了李陵的母亲、妻子和儿子。司马迁也因此事被判了死刑。

据汉朝的刑法，死刑有两种减免办法：一是拿50万钱赎罪，二是受"腐刑"。司马迁官小家贫，当然拿不出这么多钱赎罪。腐刑既残酷地摧残人体和精神，也极大地侮辱人格。司马迁当然不愿意忍受这样的刑罚，悲痛欲绝的他甚至想到了自杀。可后来他想到，人总有一死，但"死或重于泰山，或轻于鸿毛"，死的轻重意义是不同的。他觉得自己如果就这样"伏法而死"，就像牛身上少了一根毛，是毫无价值的。他想到了孔子、屈原、左丘明和孙膑等人，想到了他们所受的屈辱以及所取得的骄人成果。司马迁顿时觉得自己浑身充满了力气，他毅然选择了腐刑。面对最残酷的刑罚，司马迁吃苦到了极点，但他此时没有怨恨，也没有害怕。他只有一个信念，那就是一定要活下去，一定要把《史记》写完。

发愤著《史记》

司马迁从元封三年(公元前108年)为太史令后开始阅读、整理史料，准备写作，到太始四年(公元前93年)基本完成全部写作计划，共历时十六年。这是他用一生的精力、艰苦的劳动，并忍受了肉体上和精神上的巨大痛苦，用整个生命写成的一部永远闪耀着历史光辉的伟大著作。

作为中国古代第一部通史，《史记》在编排上具有划时代的意义。司马迁大胆吸收前人成果，综合了《春秋》以时间为序、《国语》和《战国策》以分国为序、《尚书》的汇集文诰、《世本》的分类载物等诸多特点，创立了五种体制并行，相互补充又相互联系，同时又有交叉的网络式框架。全书共一百三十篇，分别为十二本纪、十表、八书、三十世家、七十列传。

这五种体例既是各自独立的纵向体系，从不同角度记载了自上古以来的各方面的史实，又在横向之间发生着呼应联系，从而系统、全面地整理和保存了大量的中国历史文化发生、发展、演变的资料。这种博大精深的编纂体例，为后世学者所叹服和效仿。此外，《史记》中所独具的卓越的史实和语言文学方面的价值更为世人所称道。鲁迅先生曾赞誉它为"史家之绝唱，无韵之离骚"。

牧童画家王冕

王冕，字元章，是元代著名花鸟画家、诗人。

王冕出生在现位于浙江省诸暨市的一个农家，家庭生活贫寒，家中没有土地，靠父亲做木工赚钱过活。

王冕七八岁时，因为家里贫穷不能供他读书，父亲叫他在田埂上放牛，帮助补贴家里。一天王冕从学堂路过，被里面的琅琅读书声所吸引，就把牛拴住，偷偷趴在窗子外面听老师讲课，直到放学了才恋恋不舍地离开。此后王冕天天把牛拴在山坡上，在学堂外面听课。听完了课，他就用树枝在地上练习学过的字，就这样，聪明而勤奋的他认识了不少字，还能背诵好多文章，但他怕父亲会责备他，一直不敢告诉家里。一天，他听完课后发现牛不见了，只有一截断了的缰绳在地上。他赶紧四处找，直到天黑才找到了牛。回到家，父亲认为他贪玩，责骂了他一顿。第二天邻居找上门来，说王冕家的牛吃了他家的麦苗。父亲要打王冕，王冕争辩说："我不是贪玩，是为了听先生讲书。"父亲不信，王冕就背书给父亲听。父亲看着背得头头是道的儿子，很心痛，摸着他的头说："好孩子，父亲错怪你了。"于是父亲和母亲商量，给王冕找个空闲时间多点的工作。

一天，父亲告诉王冕："庙里需要一个打杂的小孩，你可以去，能有点收入，也有时间读书，但就是要离开家里，你愿意吗？"王冕虽然很不愿意和父母分开，但想到能读书，就狠狠心答应了。来到庙里，王冕很勤快。老和尚很喜欢这个聪明伶俐的小孩，除去工钱外还给他一些小钱。王冕把这些钱都攒起来买书。一到夜里，他就悄悄地溜出来，坐在佛像的膝盖上，手里拿着书就着佛像前的长明灯诵读，有时甚至一直读到天亮。

一天夜里，王冕正在读书，忽然狂风大作，他觉得很冷，就起身跺跺脚取暖。偶然一抬头,忽然天上打了个闪电,在灯火摇曳中,他看见一个个佛像面目狰狞,张着大嘴向他扑来。王冕终究是小孩,吓得头皮发麻,转身就跑。但跑到门外他才想起心爱的书还在里面,于是就壮着胆去拾。这次他看见佛像面目如初,于是对着那些泥人挥挥拳说道:"你们都是泥做的,我不怕你们!"说着又翻身坐到佛像腿上继续读书。

时间过得很快,一晃几年就过去了。就是这样刻苦地、想方设法地学习,使得王冕认识了许多的字,关于画画他也多少懂了一些。有一年的夏天,正在湖边放牛的王冕,因为天热,口渴得透不过气来。这时,天气骤变,乌云突起,狂风大作,电闪雷鸣,哗啦啦下起了大暴雨。王冕来不及躲雨,浑身被浇得湿透,变成了落汤鸡。刚才还热得要命,这下被雨淋得湿淋淋的,冷得发抖。老天的脸说变就变,一下又雨过天晴,云开雾散,太阳又露出了笑脸。

刹那间,王冕被雨过天晴的景色迷住了。太阳拨开云缝露出了笑脸,照得天空红彤彤一片,那些没有散去的乌云被太阳照得有的青、有的红、有的紫,五彩斑斓;湖边的柳树被雨洗过,翠绿翠绿的,绿得晶莹透亮;湖里的荷花粉红粉红的,花上滚动的雨珠闪闪发光;湖面上的鸭群自由自在地游着,不时发出嘎嘎的叫声——多美丽的一幅画呀!

面对着这么美妙的景色,王冕想:要是我能把它描绘下来,那该有多好哇!只可惜,自己还没有画这样美景的本领呢。

于是从那天起,王冕下决心学画画,就从画这湖里的荷花开始。第二天,他就开始画了。没有笔,他就拿树枝当笔;没有纸,他就用地做纸。面对着湖里的荷花,在地上画,画的荷叶,该圆的画不圆,该直的画不直,总也画不像。但是他一点儿也不灰心,再画;不行,再画;一遍、两遍……八遍、十遍;一天、两天……一个月、两个月,从不像到像,终于能画出一枝荷花了。他高兴得不得了。

于是,王冕把母亲糊窗户剩下的纸拿来,和同学借了几支不用的秃笔,搬了一张凳子,把纸铺在凳子上,面对着湖中的荷花画了起来。

因为他已经有了在地上画画练下的功夫，很快就画出了一幅画。自己看看还很满意，他兴致上来了，一幅接一幅地画呀画，画个不停。这时过路的人都停下来看，不一会儿就围了一大群人，大家都夸他画得好。后来，周围村子的人都知道王冕画荷花的事了。

这样一来，远远近近的人都知道诸暨出了个画荷花图的"小画家"，买画的人就多了。王冕把卖荷花图的钱一部分用来贴补家用，一部分买纸、笔、颜料。从此，他画画更认真了。

他不只是画怒放的荷花，还练习画风荷、雨荷、花蕾、凋谢的残荷……除此以外，他还学习画山水，画牛、羊、马等动物，画人物……慢慢地，不论什么东西，他都能画得很像很好看。渐渐地，王冕出名了，大家都称他是画家。

王冕画画是从画荷花入手的，可实际上，他是非常喜欢画梅花的。他喜欢梅花不惧严寒傲视霜雪，开在百花之先的精神。而历来众多的画家、诗人都喜欢歌颂梅花。于是王冕也开始画梅花，后来，他画得最多的还是梅花，尤其是画墨梅，并以画梅驰名于画坛。他画的墨梅具有独特的风格，花密枝繁，墨色的浓淡相宜，花束疏密相间得当，栩栩如生，生机勃勃，遒劲挺拔，极具特色。

王冕曾画过一幅《墨梅图》，构图别致，一枝茂盛的墨梅含苞欲放，横斜在画面当中，数尺长的枝干傲然挺拔屹立，生机盎然。画中只有浓淡的墨色，却充分表现了梅花的傲骨。王冕在画的左上角题诗为：

我家洗砚池头树，

朵朵花开淡墨痕。

不要人夸好颜色，

只留清气满乾坤。

这首诗表现了王冕一生追求清廉傲骨，为人正直的高尚情操。

王冕一生淡泊名利，蔑视权贵，不求仕进，晚年避居会稽九里山，自筑"梅花屋"，种粟养鱼，以清贫生活了其余生。

谈迁编《国榷》

谈迁，原名以训，是明清之际一位著述严谨、卓有成就的历史学家。

谈迁虽然家境贫寒，但他自幼就酷爱历史，而且这种独特的兴趣随着年龄的增长有增无减。因此，谈迁在弱冠之年就读了大量史书，并逐渐认识到历史的价值贵在经世致用，不读史就难晓古今沿革和兴替，不读史就不能治国平天下；史贵真实，学用经世。他阅读史书，勤奋不苟。幼时培养起来的兴趣在激励着他，严酷的社会现实也在不时地激发着他。明朝官员声色犬马、结党营私，谈及国事争相推避，只会媚颜悦主，无视女真族雄视中原，明王朝的统治已危在旦夕。他深感自己手中的笔越来越沉重，他决心终生不做官，只用真实的笔触记下这段时代的巨变，留给后人，永世借鉴。

谈迁勤读史书，并非在人前炫耀，而是用自己的眼光和心灵来重新审视历史，力求心得。在阅读史书的过程中，他发现明朝的实录中有好几朝的实录在内容上有失实、歪曲的现象，而且各家编年史中又多有讹误疏漏、肤浅冗沓的弊病，于是他决心亲自动手编写一部真实可信的明史。

谈迁的编写工作始于明朝天启元年(1621)，在饥寒交迫中用了六年的时间完成了初稿。他发现初稿在内容等方面还不完善，以后就又陆续加以修订。清顺治二年(1645)，他又续订了明末崇祯、弘治两朝的史事。

谁料想，后来这部花了半生心血编撰的稿子全部被人偷走了。这意外的打击，使谈迁这位57岁的老人悲恸欲绝，难道几十年的心血就这样付之东流了吗？感至于此，伤心的泪水从他那满布皱纹的脸颊上流下来，点点滴滴洒落在他那旧得发白的衣衫上。他步履蹒跚地来到门外，良久伫立，任无情的凄风撕乱他花白的头发，任如鞭的淫雨击打他瘦削的身躯……

书稿是找不回来了。但谈迁转念一想，初稿不是人写的吗？只要人还在，就有书在！他的泪眼最后涌动出的是坚定的意志，是希望的火。他决心趁自己的脑子和手还好使，动笔重写。又经过了五年时间，他终于将《国榷》重新编成。望着案前堆积如山的书稿，他的脸上又绽开了笑容，这是他终生夙愿的实现，是经历身心交瘁艰难岁月后流露出的倔强和自信。这时谈迁已62岁了，他实感力不从心，脑子也有些迟钝了，手脚也不太灵便了。但他没有气馁，为了定稿，他竭力想把那些因时间太久而印象模糊的事迹弄清楚。他只身一人带着仅有的一点儿银两携书稿来到北京，去访问那些明朝遗老、豪族、宦官，并亲自到那些故址旧迹踏查。

长期的写作生涯，使他的头发全白了，眼睛也花了，清苦的生活使他只能穿粗布衣衫，当时在那些达官贵人眼中，他只不过是个穷秀才，没有什么值得尊重的。因此，谈迁常常遭到冷遇。但他不灰心，不泄气，直到把模糊的问题弄清为止。他深知达官贵人的白眼算不了什么，关键是自己如何努力，去实现自己的夙愿，做一个终生无悔无愧的人。他偌大年纪，还走访了"十三陵"，登上了香山，对那些古迹，反复考察，哪怕是一块残碑，一截断垣也不放过。他一边观察，一边在纸片上记录，不肯漏掉有补于书稿的丝毫信息。他为了对书稿拾遗补阙而搜寻资料，几乎达到了如醉如痴的境界。人们都把他当成疯子、傻子，可他心中有乐事，哪管世人的睥睨和奚落，一步一个脚印，依然故我。他就是这样在北京待了整整3年，离京后回家对书稿继续进行修订，直到自己满意，才正式定稿。成书后的第二年，这位一生矢志于著述事业而不懈奋斗的老人与世长辞了，但他留给后人的《国榷》却成为宝贵的史书资料，为明史研究提供了借鉴。

谈迁编著的《国榷》，主要根据明朝实录和邸报，再广求遗闻，参以诸家编年，所采诸家著述达百余种。他对实录和诸家著述并不轻易相信，对史事的记述采取慎重态度，取材广，选择严，能择善而从。这就为其编著工作在技术处理上又增加了一层难度。特别应该指出的是，《国榷》关于万历以后明朝以及后金史事的记载，多为他书所不传，加之当时没有刊行，没有遭到清人篡改，所以史料价值较高，是后人研究明史比较可靠的资料。

为了著成这部史书，谈迁从1621年动笔到1656年定稿，前后用了35年时间。不论是烈日炎炎的盛夏，还是冰天雪地的隆冬；无论是在途径坎坷的旷野，还是在月映烛照的斗室，他都没有懈怠过。他的一生是在穷困的环境中度过的，直到晚年，仍靠当幕友，办些文墨事务，代写应酬文章来维持生活。他这种百折不挠、求索攻坚的精神是难能可贵的，受到了后人的景仰和称道。谈迁和他的《国榷》一同辉映在中国的历史上。

徐悲鸿艰苦学画

　　徐悲鸿于 1895 年生于宜兴县一个穷教书的人家。早年的生活十分艰苦，1942 年他在一幅作品题诗中曾说"少小也曾锥刺股"，以此来形容他年轻时的生活艰难。

　　徐悲鸿的父亲是位半耕半读的村塾老师，同时也是位乡间画师。徐悲鸿 6 岁开始跟父亲读书，7 岁时因为常常看见父亲画画，对画画产生兴趣，那时就想学画。他父亲认为 7 岁的孩子年纪太小，不肯教他；但是他念书念到"卞庄子刺虎"的故事，就偷偷地求人画一只老虎，自己依着样子描绘。父亲知道儿子实在喜欢画，在他 9 岁的时候，就让他每天摹一幅当时流行的《吴友如画本》，这就是徐悲鸿学画的开始。

　　徐悲鸿 10 岁的时候就能帮父亲在画上不重要的部分添染颜色。但生活的艰难，迫使他 17 岁时便辍学到一家中学里教图画来帮助家用。19 岁那年，他的父亲去世，家里负债很多，弟妹也要供养，他只得在县里三家学校担任教课教师来解决全家的生活。

　　沉重的家庭担子压不住他上进的决心，为了学美术，他来到上海。他曾企图把画寄给当时的《小说月报》，以求换得买米之钱，但却被无情退回。他那时寄居在一家赌场里，白天用功，晚上等客人散了，才摊开铺盖在赌桌上睡觉。那时，他常常吃不到饭，也找不到工作。徐悲鸿甚至为此有过自杀的念头，据他后来回忆，他曾经狂奔到黄浦江边，想要结束自己的生命。混浊而奔腾的江水汹涌地冲击着江岸，轮船的汽笛尖锐地吼叫着。他解开衣襟，让无情的风吹打在他年轻的胸脯上。当一阵寒冷的战栗从脚跟慢慢传递到全身时，他才清醒地认识到："一个人到了山穷水尽的地步而能自拔，才不算懦弱啊！"

1915年，当人们都在用锣鼓爆竹迎接新年的时候，青年徐悲鸿却饿着肚子给一家叫作审美书馆的出版社，用颜色填染单色印刷的杂志封面（那时印刷术落后，没有彩色印刷，杂志封面是雇人用手工填色的。审美书馆的主办人，就是著名的岭南画派导师高剑父、高奇峰兄弟）。等拿到报酬，他的肚子已经空了好几天了。

1916年，徐悲鸿考进震旦学院，攻读法文。他是穿着死了父亲的丧服，噙着眼泪踏进这所学校的。

徐悲鸿的作品逐渐受到社会的注意。除了高剑父兄弟外，当时的文化名人康有为、蔡元培等也给予他鼓励和帮助。1917年，22岁的青年徐悲鸿已经被聘为北京大学画法研究会的导师，又得到北洋政府的教育总长、大学者傅增湘（沅叔）先生的帮助，派他到法国去留学。可是出国不久，因为内战，他的经济来源就断绝了。他经常用干面包就白开水度日，并且不间断地从事每天10小时以上的劳作。他用功锻炼素描，临摹古代的名画，并努力于国画和油画的创作，还给书店画书籍插图及写一些散稿来维持生活。

由于徐悲鸿曾经经历过艰苦的遭遇，所以在他后来的人生中，凡是遇到年轻有为、肯用功吃苦的人，或穷苦的人，他总是给予莫大的同情，并且尽一切可能去帮助和鼓励他。1928年，他给当时的福建当局画了一幅壁画，画好后他辞谢了给他个人的金钱报酬，却提出要福建省派送两个青年出国学习艺术。这两个青年一位是油画家吕斯百，一位是雕刻家王临乙，两人后来学成归国，对我国艺术都卓有贡献。

梅兰芳精心学戏

梅兰芳是我国著名的京剧表演艺术家。梅兰芳祖籍江苏泰州，生于北京的一个梨园世家。他是近代杰出的京昆旦行演员，"四大名旦"之首；同时也是享有国际盛誉的表演艺术大师，其表演被推为"世界三大表演体系"之一。他的代表作品包括：京剧《贵妃醉酒》《霸王别姬》等；昆曲《游园惊梦》《断桥》等。

梅兰芳8岁那年，曾跟一位有名的先生学戏。这位先生反复教他，他没有学会。先生见他进步太慢，就说他不是学戏的料子，没心思再教他了。临走时，先生对梅兰芳说："祖师爷没给你这碗饭吃，我也没办法。"

先生走了，可他的话，常常在梅兰芳的耳边响起，像针一样刺疼他的心。他常想，我真不是学戏的料子吗？梅兰芳下定决心，一定要学好戏，闯出个样子来。

后来，梅兰芳进了一个叫"云和堂"的戏班子拜师学艺。云和堂的吴先生对弟子的要求十分严格，对梅兰芳也不例外。

一次，吴先生教梅兰芳练跷功。吴先生搬来一条板凳，上面放一块砖，让梅兰芳踩着半米多长的高跷站在砖头上，并要求一次要站一炷香的时间，中间不准休息。

开始，梅兰芳一站到那么高的地方，心里就很慌张，站一会儿腰又酸，腿又疼。可他为了练出过硬的功夫，硬是咬着牙坚持着，连腿都站肿了。

练了一个秋天，梅兰芳的跷功大有长进，吴先生连连称赞。梅兰芳并不满足，想方设法要使自己的跷功更上一层楼。

冬天，他自己浇了一个小冰场，踏上高跷，在冰场上跑。那光滑的冰面，不要说踩高跷，就是在上面走路，也难免要摔跤。梅兰芳身上经常被摔得青一块紫一块。每次跌倒，他都立即爬起来，继续练。吴先生看见后，劝他休息几天。梅兰芳说："先生，您不是常说，练功练功，一日不练三日空吗？"吴先生听后不住地点头。

梅兰芳小时候，眼睛有点近视，眼皮下垂，眼珠也缺少神气。而且角在台上的眼神特别重要。怎么办呢？后来他养了几只鸽子。每当鸽子飞起来后，他就用眼睛随着鸽子飞翔而转动，越望越远。这样天长日久，他的眼睛毛病没有了，变得特别有神，直到老年，在舞台上演出，还是光彩照人。

有些人总以为梅兰芳的艺术成就是天赋条件好，其实应主要归功于他的刻苦学习，努力钻研，以及面对困难挫折毫不动摇的决心。

从木匠到一代宗师

　　齐白石是中国现代著名的书画家、金石家，擅长画虾，被公认为"世界文化名人"。

　　1863 年，齐白石诞生于湖南湘潭白石铺杏子坞星斗塘一个贫苦农民家庭，父亲是一个老实本分、胆小怕事、性格懦弱的人，母亲却正好相反，是一个刚强能干、通情达理、勤俭持家、人缘颇佳的女性。

　　齐白石自幼就因先天营养不足而体弱多病，而对于仅靠一亩水田来维持生存的全家五口人来说，其艰难可以想象到。齐白石 7 岁时，已能将祖父教的三百来个字背得滚瓜烂熟，牢记于心。祖父认为再也无力教授孙子时，开始长吁短叹：为家庭的贫困不能供孙子读书，为孙子过人的天分被耽误。好在天无绝人之路，齐白石的外祖父在枫林亭附近的王爷殿设了一所蒙馆，这样，齐白石虽无力交学费，因为是亲外孙，也得以在外祖父的蒙馆寄学。聪明的齐白石勤奋好学之余，开始在描红纸上涂鸦起来，没想到他画的东西竟与实物十分相像。不久，他的画在同学中已经小有名气而流传开了。正当齐白石沉浸在读书、绘画的乐趣中的时候，学校放秋忙假了，不巧的是齐白石又生了场病，加上天公不作美，田里歉收，无异于雪上加霜。青黄不接的时候，连饭也没得吃了。齐白石的母亲别无他法，哽咽地对他说："年头儿这么紧，糊住嘴再说吧！"懂事的齐白石只好无奈地中断了读了不到一年的蒙学。

　　生活的重担过早地压在了齐白石稚嫩的肩膀上。辍学后的齐白石，在家里帮着大人做挑水、种地、干杂活等一些力所能及的家务事。干一天活，常常累得他连晚饭都不想吃。尽管这样，他仍然抓紧闲暇时间读书、写字、学画。祖父为他买回些黄表纸和一本木版刻印的大楷字帖，教他先蒙着影写，再脱手临摹，天天坚持练习。为了节省纸张，每张纸他都坚持用三四遍才扔掉。

后来，能用的纸他都画过了，就偷偷地把外祖父记过账的一本旧账簿拆开，把账页翻过来用来作画。因为旧账簿的页码很多，齐白石用得又非常节俭，所以画了很长时间才用完。

少年时代的齐白石身单力薄，干起农活来非常吃力。家里人考虑再三，决定让他去学木匠，会一门手艺，将来可以养家糊口。可谁知当学徒的第一天，师傅便让他去扛一根又粗又长的椽子，他试了几次都没有扛起来。师傅非常生气，很快就把他辞退了。父亲只好托了人情，将他领到另一位木匠那里拜师学艺。他天资聪颖，心灵手巧，木工雕花做得十分漂亮，颇受三乡五里百姓的称赞，名气也渐渐大起来。

齐白石20岁那年外出雕花时，在一个主顾家里见到一本《芥子园画谱》，是乾隆年间翻刻的本子。他如获至宝，征得主顾同意，带回家去精心临摹。因为书是别人的，不能久借不还，可他又想好好钻研一下这本书，怎么办呢？后来他终于想出一个办法——像早年勾影雷公像那样，勾影下来，再慢慢临摹。

就这样，他每天晚上一收工回家，就坐在松油灯下，一幅一幅地勾影，用了半年多时间，才把这部画谱全部勾完。这段时间，他的绘画水平提高得很快。

1889年，齐白石在做活的时候，认识了颇有才学的私塾先生胡自悼和陈少蕃，从此，他走上了专门的读书绘画的生活。几年下来，他的绘画技艺有了很大提高，并在传统绘画的基础之上创造了一些新技法，创作了不少富有诗情画意的作品。三十多岁时，齐白石才开始苦练制印。他拜黎松安、黎铁安为师，把一枚枚印章刻了又磨掉，磨掉了又刻，学得非常辛苦。半年下来，他便掌握了汉印的基础。

1902年，年近40岁的齐白石游历了大江南北，每到一处，他都要游览当地的名山大川，了解当地的风土人情，积累了为数众多的速写作品，同时结识、拜访了许多有真才实学的画界名人，鉴赏、临摹了许多秘籍、名画、书法、碑拓等艺术品。这样大大开阔了他的眼界，提高了他的审美能力和鉴赏能力。

1909 年暮秋，齐白石回到故乡，购置了"寄萍堂"居住，这一住就是十年。这期间，他每天除坚持作画外，就是用功苦读诗词，闭门自修。通过这十年的刻苦磨砺，他基本上形成了朴实、自然的创作风格。

1919 年初春，齐白石已经 56 岁了，他决计北上，定居北京。初到北京，齐白石的画并不能卖出，仅靠制印维生，生活极为贫困。但他不断地从黄宾虹等人的画中汲取营养，后来便来了个衰年变法，创造了中国画工笔草虫和写意花卉相结合的特殊风格，终于在陈师曾的提携下，名声大震，并于 1927 年初春，被国立北平艺术专科学校校长林风聘请为教授。齐白石把自己几十年的绘画创作经验毫无保留地传授给学生，著名画家王雪涛、李苦禅、李可染等，都成了他的得意门生。在十多年中，他居然创作出了万幅以上的作品。

80 岁前后，齐白石的制印的篆法、章法、刀法都表现出了鲜明的特色，被誉为"印坛泰斗"。其画作造型简括、神态生动、笔力雄健、墨色强烈，书与印苍劲豪迈、刀笔泼辣、神奇趣逸。他将画、印、诗、书熔于一炉，使中国传统艺术水平上升到了新的高度。

1937 年，日军侵占北平，北平沦陷之后，齐白石愤然辞去了北平艺术学院教授的职务，从此紧闭大门，充分表现了这位艺术老人的民族气节。直到 1945 年日本投降，他才公开露面，1946 年初恢复了他的卖画生涯。

1957 年 9 月 6 日，齐白石大师走完了他将近一个世纪的生命历程。1963 年，他被世界和平理事会推举为"世界文化名人"。

国画大师张大千

张大千是我国著名的国画大师，在艺术上他是一位多面手，被徐悲鸿誉为"五百年来第一人"。

1899 年 5 月 10 日，张大千出生于四川省内江县，他是家中的第八个男孩，原名张正权。他自幼跟母亲学画，从小就表现出这方面的天赋。

张大千 12 岁的时候，父亲因事错怪了他，他一气之下，和邻居家的一个小伙伴负气出走。当天晚上，他们便来到三十多里以外的一个小镇，两个人蜷缩在人家的屋檐下过了一夜。第二天，两人肚子饿得咕咕叫，身上却没有一文钱，怎么办呢？最后，还是张大千想出了一个主意。他拖着伙伴，走进一个农家小院，对一位正在晒太阳的老汉说："大爷，我给您老人家画花鸟、写对联，要不要？"老汉一听这孩子口气好大，来了兴趣，乐呵呵地跟他打趣："收不收钱呀？""不收钱，就是我们肚子饿了，画完之后给个饼吃。"

老汉更乐了，他把两个孩子叫到跟前，想看看这个毛遂自荐的孩子到底有啥本事。老汉找出两张红纸，要张大千写一副对联。张大千略一沉思，然后挥笔写道："生意兴隆通四海，财源茂盛达三江。"这是他从城里一家饭铺的柱头上看来的。老汉一看心里一惊，他从没见过哪个小孩子能写出如此工整、秀气的字，当即叫儿子买来几碗面给张大千和他的伙伴吃。这桩新闻在村里不胫而走，老汉的院子里很快挤满了来看热闹的人。

张大千吃饱后，兴致更高了。他在院子里的八仙桌上，时而写字，时而作画，不一会儿就创作了一长串作品。村里人开始对这个比桌子高不了多少的孩子刮目相看，并纷纷上前求画、求字。

这是张大千第一次独自用笔解决吃饭问题。

1912年，从未进过学堂的张大千，背起书包，跨进了内江的华美初等小学堂。每天晚上，他都伏在雪亮的汽灯底下，先完成老师布置的功课，然后再跟着母亲学习绘画。这时，他已经不再满足于画工笔画，还经常照着家里细瓷碗上的花鸟、山水，试着画一些写意画。为了使他更快地提高绘画水平，1914年，父亲决定送他去重庆曾家岩的求精中学学习。

在中学里，身穿蓝布长衫、脚蹬圆口布鞋的张大千，看上去简直太土气了，城里那些穿洋布学生装、蓄着漂亮的学生分头的同学经常嘲笑他又土又傻。但很快同学们便改变了对张大千的看法，因为他写得一手好字，绘画水平也没有人能与之相比。

1917年，张大千与二哥一同去日本学习绘画和印染艺术。

1919年，他回到上海，拜投名家门下学书画、诗文。不久，他竟然出人意料地去做和尚。他悄悄地在松江的禅定寺出家，主持法师为他取了法名"大千"。起初他完全根据佛经，崇奉释迦牟尼"日中一食，树下一宿"的生活方式，过着清心寡欲而又艰苦的出家人生活。但他不肯烧戒，终于在举行剃度大典的前一天，逃出了寺庙。逃出了寺院，他也并不是要还俗，他只是想去另一家寺庙做和尚。途中在渡船时，他只有一个铜板付给船夫，不够四个铜板的船资。他以为船夫会对出家人慈悲一点儿，谁知船夫见他只是一个穷和尚，竟破口大骂。他恼怒之下，把船夫推到了水里，岸边看热闹的人纷纷大叫他是"野和尚"。这件事对张大千的刺激很深，他开始想到和尚不能做，没钱的穷和尚更是不能做。

在灵隐寺寄居两个月后，张大千准备到上海与朋友会面，却被朋友"出卖"。刚下了车，就被闻讯赶来的二哥一把抓住，把他"押"回了四川。

张大千回上海不久，二哥和他人创办了一个艺术团体——"秋英会"，每年秋季，散居全国的会员纷纷聚集上海，赏菊、饮酒、作画、题字、赋诗。

这一年的秋英会上，张大千第一次跟着哥哥参加。他穿了一件绿色布衫，一缕黑胡子飘垂在胸前，很得体地与前辈们打招呼，寒暄。大家要他当场作画，他也不推辞，略作思索，便提笔饱蘸浓墨，几笔画出了两株傲霜斗寒的墨菊。然后他又用工笔画了一个古装仕人，端着一只酒碗在赏菊。最后他在画上题了一首杜甫的绝句："每恨陶彭泽，无钱对菊花。而今九月至，自觉酒须赊。"各位老先生看罢，不约而同地发出了连连赞叹。在这些前辈的鼓励声中，张大千又连画了几幅山水、人物、花鸟，展露了自己诗、书、画三方面的才能。就这样，张大千第一次参加"秋英会"就崭露头角，名声大震，这年他只有24岁。

1925年，张大千在上海举办第一次个人画展，此后，以卖画为生。

1937年，日军攻占北平后，张大千拒绝担任日华艺术画院院长等职，拒绝借出所藏字画办画展，后被日本宪兵队关押一个多月。

1941年，他远赴甘肃敦煌莫高窟，临摹壁画近三年，刻苦异常。通过这三年对古代优秀绘画艺术的学习和揣摩，他把敦煌艺术运用于现代作品之中，将中国人物画推向一个新的高潮。这时他的修养更全面了，画风也发生了转变，善用复笔重色，其所画的层峦叠嶂的大幅山水画，丰厚浓重，把水墨和青绿融合起来，形成了独特的画风。

张大千的敦煌之行不仅对他的画艺精进起了很大的作用，也对敦煌学做出了巨大的贡献：他将敦煌壁画介绍给世人，使世人得以窥见我们的国宝艺术，而且他的敦煌临摹画在我们民族艺术上另创了一个新境界。

1950年以后，他先赴印度讲学，以后萍踪万里，漂泊不定，先后在阿根廷、巴西、香港等地居住，还曾在巴黎会见了西方绘画大师毕加索。

1959年，他漫游欧洲，又开创了"泼墨、泼彩"的新画风，发明了泼墨山水，达到了深厚、华润而又风姿潇洒、秀逸的境界，为现代中国艺术史添加了精彩的一页。

民族骄子聂耳

"起来，不愿做奴隶的人们！把我们的血肉，筑成我们新的长城……"每当我们听到国歌那振奋人心的旋律的时候，一种民族自豪感便会油然而生。这时，我们也会怀着深深的敬意，想起国歌的作曲者，杰出的人民音乐家聂耳。

1912 年 2 月，聂耳出生于云南昆明一个医生家庭，他是这户人家的第六个孩子。父亲聂鸿仪是位中医，在昆明经营着"成春堂"药铺，一边给人看病，一边给人抓药，勉强维持着全家人的生活。聂耳 4 岁的时候，父亲就积劳成疾，撒手西去了，从此家里失去了依靠，生活更加艰难了。无奈之下，母亲挑起了生活的重担。这位出身于傣族家庭的妇女，知书达理，读过《百家姓》《三字经》等书，跟着丈夫也学会了一点儿中医理论和医术，丈夫死后，她便继承夫业，开始操持全家人的生计。

由于家境贫寒，母亲把更多的希望寄托在幼子聂耳的身上。从小，母亲就教聂耳识字，给他讲故事。在她的教育下，5 岁的聂耳就能自觉坚持读书，"描红"练字。母亲还常常给他唱一些动听的花灯调、扬琴调，在他幼小的心里埋下了民间音乐艺术的种子。

6 岁时，聂耳进入一所师范学校的附属小学读书。由于母亲对他的良好教育，加之他学习又十分刻苦，因此成绩一直名列前茅，很受老师们的喜爱。可是，家庭的贫困使他不得不在五年级时转入另一所小学——私立求实小学学习。虽然求实小学条件不如附小好，但对音乐教育十分重视，也正是在这所学校里，聂耳表现出了对音乐和文艺的强烈爱好。他跟音乐老师学习各种乐器，积极参加学校组织的各种文艺活动。他还参加了高年级学生组织的乐队，并且由于出色的音乐才能，被推举为乐队的指挥。

1925 年春天，聂耳以优异的成绩从求实小学毕业，考入了云南省立第一联合中学。当时，第一次国内革命战争进入了高潮，反对帝国主义、反对军阀统治的群众运动风起云涌，传播各种进步思想的报刊遍及各地。革命形势的发展对少年聂耳的思想触动很大，他开始如饥似渴地阅读各种进步书刊，开始关注社会、关注人生，思想也开始走向了成熟。

在中学期间，他的音乐爱好和才华得到了更好的发展。当时，学校不断组织各种器乐合奏，他总是积极地参加，努力提高自己的演奏水平。在学校里，他还有机会接触到西洋音乐。当时，学校里有一个外籍教授叫柏希文，他创办了"英语学会"，为青年学生补习英语。聂耳积极参加该学会的活动，并与柏希文建立了深厚的师生感情。他从柏希文那里了解了西方音乐，逐渐对一些西洋乐器比如钢琴、小提琴等产生了浓厚的兴趣。对西方音乐的了解，进一步丰富了他的音乐知识，为后来的创作打下了坚实的基础。

初中毕业后，15 岁的聂耳考入公费的云南省立第一师范学校高中部"外国语组"学习英语。聂耳很聪明，再加上初中时曾补习过英语，因而学起来不吃力，有时还经常进行对话表演。

聂耳在省立师范读书期间，不但学习刻苦努力，而且思想要求进步。在大革命处于低潮、蒋介石叛变革命、全国一片白色恐怖的情况下，聂耳秘密地加入了中国共产主义青年团，从事刻印、张贴传单等革命活动。他背着家里人，和几位同学一起报名参加了"学生军"，认为这是参加实际革命斗争的好机会，并被送到湖南郴州驻地编入"新兵队"受训。在那里，他亲历了旧军队内部的黑暗与腐朽。后来在同乡的资助下，他几经周折又回到了昆明，继续在省立一师学习。后又因形势所迫，聂耳离开了学校，乘海轮从香港到了上海。

到了上海后，聂耳除了努力工作维持生活外，抓紧一切时间学习英文、日文，并按照专业标准自学小提琴。四个月后，他经人介绍参加了共产党领导下的进步群众组织"反帝大同盟"。他一面努力工作挣钱、学习，一面积极投身到革命的洪流之中。

这时，他对上海越来越熟悉和适应，结识了一些从事电影工作的人，挣的钱渐渐地多了，有条件多买一些书看，还买了一把小提琴，努力钻研音乐艺术。但是好景不长，很快他又失去了工作，生活又一次陷入了困境。

有一天，聂耳在《申报》上看到了"联华影业公司音乐歌舞学校"招考演员及练习生的启事，当即去报了名，并被录取。这样不但解决了生活问题，更重要的是使他迈进了自己喜欢的音乐事业。这时聂耳19岁。

聂耳在音乐艺术方面虽然有很好的天赋，但毕竟没有进入专业学校受过正规的教育和训练，因此在音乐理论和技巧方面水平是不够的，为此他抓紧一切时间刻苦练习小提琴。他先是向首席小提琴师王人艺请教，后来又跟随奥地利人普杜什卡学习。此外，他又对和声学、作曲法等进行自学，并且开始了对音乐创作的尝试，先后写了小提琴曲《悲歌》、口琴曲《进行曲》与《圆舞曲》等。他还参加了明月社，和其他年轻演员一样参加练习、演出、看电影。

"九一八"事变爆发，日本帝国主义大举入侵东北三省，这给了聂耳很大的震动，于是他在电影刊物《电影艺术》上发表了《中国歌舞短论》，笔锋直接针对黎锦晖的"为歌舞而歌舞"的错误倾向。文章内容深刻，笔锋犀利，成为他和明月社的决裂书。这样他离开了明月社，进了"联华影业公司"，从此聂耳进入了电影圈。工作之余，聂耳又参加了上海"剧联"成立的音乐小组，组织革命音乐工作者参加当时的进步电影和戏剧运动，并研究群众歌曲的创作。

1933年初，聂耳在白色恐怖严重的时刻，经田汉介绍，由左联负责人夏衍带领宣誓，光荣地加入了中国共产党。从此在党的直接教育引导下，聂耳以饱满的革命激情，更积极地投入到无产阶级和人民大众的革命音乐创作中，经过艰苦奋斗，做出了卓越的贡献，成为中国无产阶级音乐的先驱者，人民的音乐家。

军政名人

勾践卧薪尝胆

越王勾践卧薪尝胆的历史故事，已经是尽人皆知了。这个历史故事说的是：在春秋时期的一场战争中，吴国打败了越国，吴军攻破了越国的都城，把越王勾践包围在会稽山上，致使越王在走投无路的情况下忍辱求和。

越王勾践投降后，便和妻子一起前往吴国，他们夫妻俩住在夫差父亲墓旁的石屋里，做看守坟墓和养马的事情。夫差每次出游，勾践总是拿着马鞭，恭恭敬敬地跟在后面。后来吴王夫差有病，勾践为了表明他对夫差的忠心，竟亲自去尝夫差大便的味道，以便来判断夫差病愈的日期。夫差病

好的日期恰好与勾践预测的相吻合，夫差认为勾践对他敬爱忠诚，于是就把勾践夫妇放回越国。但是吴国的伍子胥强加阻拦，认为不能放了勾践，否则无异于放虎归山，可是吴王不听。

越王勾践回国以后，立志要报仇雪恨。为了不忘国耻，他把睡觉时铺的席子撤去，换上柴草。他还在吃饭的地方挂一个苦胆，每次吃饭时都先尝一尝上面的苦味。他还亲自参加耕种，叫他的夫人自己织

布，从而鼓励生产。同时他大力整顿内政，重用范蠡、文种等贤臣，使越国逐渐由弱国变成强国，最后打败了吴国，吴王羞愧自杀。

　　勾践真是个能屈能伸的大丈夫。作为越国的大王，他身上担负的不仅仅是自己的生命，还是整个国家的希望。当会稽之战失败的时候，他完全可以弃国家而不顾，给自己一个了断，也并非是错误，但他没有，为了自己的国家、自己的子民，他决定去吴国为奴。一个平凡的百姓，在习惯了幸福的生活之后，又如何肯去做别人的奴仆，更何况他是一个王！在吴国的两年时间里，他为吴王喂马，拉车，治病。他深知，自己只是一个奴隶，所要做的只是顺从。他一方面忍受着内心的煎熬，一方面又面临着生存的危机，因为伍子胥为吴国的相国，深知他的图谋！但他默默地忍受着这一切，在这两年里，他从来没想过放弃自己的国家与臣民，最终灭掉了吴国。

商鞅变法

公元前 390 年，商鞅出身于卫国一个没落的宗室贵族家庭。商鞅生活的年代是一个动荡不安的年代，当时，社会生产力的极大提高，使旧的生产关系逐渐变成了生产发展的桎梏，新兴的地主阶级也开始同旧奴隶主贵族争夺统治权。诸侯各国都在经历着一场深刻的社会制度的巨大变革，相继进行了变法。

当时，中原诸国都早已进入封建社会，但地处西陲的秦国虽然封建经济已经有所发展，但是旧奴隶主贵族的势力还很大，还残存着很多奴隶制因素，中原各国因此都瞧不起秦国，把它看作没有开化的夷狄之邦，甚至不让它参加诸侯国的会盟。严峻的现实迫使秦国不得不进行改革。

公元前 384 年，秦献公即位，进行了一些政治改革，使秦国开始由弱变强。公元前 361 年，秦孝公即位，他决心继承父亲秦献公未竟的事业，变法改革，壮大秦国。秦孝公刚一即位，就发布了招贤令，而正是在他的招贤令的感召之下，商鞅来到了秦国。

商鞅到了秦国之后，在秦孝公的宠臣景监的推荐下见到了秦孝公。商鞅第一次去见秦孝公的时候，故意大谈仁义礼治，先王之道。可是，尽管商鞅口若悬河，秦孝公却昏昏欲睡。商鞅走后，秦孝公大怒，抱怨景监说："你推荐的这个人狂妄得很，怎么能够重用呢？"

过了五天，商鞅又去求见秦孝公，他还是旧话重提，秦孝公仍旧毫无兴趣。商鞅虽然接连碰壁，但他却毫不灰心。他第三次求见，秦孝公勉强接待了他。这次，商鞅一改前两次大谈先王之道的做法，开始陈述法家富国强兵之道。商鞅滔滔不绝，秦孝公耐心地听着，不时点头，但是并没有立即采纳商鞅的建议。这次，商鞅走后，秦孝公对景监说："你这位客人很不错啊！应该好好和他谈谈。"

过了几天，商鞅第四次去拜见秦孝公。这次，秦孝公一反过去的冷淡，热情地接待了商鞅。两人越谈越投机，秦孝公甚至忘记了君臣礼节，和商鞅促膝而坐，一连谈了几天，都没有谈够。秦孝公终于接受了商鞅的主张，商鞅成了秦孝公非常信任的得力助手，秦孝公打算任用商鞅来进行变法。

但是，秦国的很多旧贵族激烈地反对变法，于是，商鞅和反对派的代言人甘龙、杜挚在朝廷上展开了一场场激烈的论战。

一次，秦孝公和商鞅、甘龙、杜挚等一起商讨变法之事。孝公说："我身为一国之君，凡事当以国家为重。如今我有心变法图强，可是又担心天下人非议。"商鞅立即说道："行动犹豫不决，就不会成功。大王应该下定决心变法，不要在意天下人的议论。况且，有非凡作为的人，本来就容易被世俗非难；见解独到的人，往往会被小人诋毁。俗话说：'愚蠢的人，事情已经办完了，还不明白为什么那样做；而聪明的人，办事之前就已经懂得如何才能把事情办好。'大王不应该去跟那些凡夫俗子商讨大事，只让他们坐享其成就可以了。在有识之士看来，只要能使国家富强，未必非得沿袭旧制；只要有利于百姓，也未必非得遵守老规矩。"

秦孝公听了，点头赞同。甘龙、杜挚却极为不满。甘龙首先发难，他引经据典，批判商鞅："我听说，古圣先贤是不用改变民众的习俗来推行教化的；明智的人也不改变原来的制度来治理国家。因为按照老习惯、旧规矩去做事，官吏熟悉，百姓安宁，不费力气就能成功。现在贸然变法，抛弃传统，国人必然要非议君王，请大王三思而后行。"

商鞅针锋相对地反驳了甘龙的陈词滥调，他说："一般人总是安于守旧，学究们也总是墨守成规，这两种人不能同他们商讨打破常规的事情。但是，三代礼制各不相同，却都成就了王业；春秋五霸法度也并不相同，可也都称雄天下。大智大贤之人勇于变革创新，愚昧无能之人只能墨守成规，这种人不足与谋。"

甘龙无言以对。杜挚又大嚷道："古人说：'没有百倍的好处，不可以变法；没有十倍的功效，不可以改换祖先的器物。'遵守古法旧礼不会出差错。大王想要变法，一定要三思啊！"

商鞅立即加以驳斥："前代的礼制法度各不相同，你究竟要效法哪一个呢？时代不同，情况不一，礼法自然要随时而变，怎么能一味效法古人？况且，商汤、周武不恪守古礼，一样兴旺发达；而夏桀、商纣遵循古法，却亡了国，这又是何道理？可见，变古革新，未必不好；因循守旧，也未必可赞。"杜挚一下子哑口无言。

商鞅有理有据的论辩，赢得了秦孝公的赞赏，他果断决定，任用商鞅，开始变法。

公元前359年，在秦孝公的支持下，商鞅开始变法。为了树立新法的威信，做到令行禁止，商鞅先设计了"南门立木"的行动，来取信于民。随即商鞅颁布了变法令，开始了第一次变法。

商鞅首先废除世袭世禄制度，用奖励军功的办法，来培植封建贵族，建立地主阶级的官僚等级制度。

商鞅还奖励耕织，抑制商业。商鞅认为农业和战争是国家的根本。他把农业看作是"本业"，而把商业看作是"末业"，所以大力奖励耕织。

商鞅还实行了编户和什伍连坐的制度。

公元前352年，商鞅进行了第二次变法，果断地"废井田，开阡陌"。这标志着封建制取代奴隶制的改革，在经济领域已经完成，大大加速了封建经济的发展，秦国日益富强起来。

商鞅还大力推行县制。他把全国划分为41个县，每县设县令等官吏掌管全县事务。

商鞅还统一了度量衡，加强了秦国各地的经济交流。

经过商鞅变法之后，秦国很快发展壮大起来，短短十几年的时间就后来居上，在政治、经济、文化、军事等方面都超过了东方六国，为秦国最终成功消灭六国，统一天下，建立秦朝，奠定了牢固的基础。

一代天骄成吉思汗

成吉思汗，名铁木真，我国历史上著名的政治家、军事家。他统率蒙古军向北、向南和向西的征伐，震动了欧亚大陆，使他的名字家喻户晓。

一代天骄成吉思汗有一个苦难的童年，铁木真在苦难中不断成长，变得更加坚强，也更加睿智了。而这种坚强和睿智，使他在后来震撼了整个世界。

1192年，27岁的铁木真被部众拥戴为大汗，这引起嫉妒心很强的盟友札木合的反目，并以兵戎相向。札木合纠集了十三部30万兵力出击，铁木真也以三万兵力分十三翼迎战。历史上这个著名的"十三翼之战"虽以铁木真的失败告终，但由于札木合生性残暴，残酷地杀戮战俘，反而引起许多部属的不满，甚至倒戈投奔铁木真，因此在实力上铁木真反而更强大了。1196年，铁木真家族的宿敌塔塔儿部反抗金朝，兵败逃窜，铁木真和克烈部应金朝大军统领完颜襄丞相之约，合力阻击塔塔儿部，捕杀其首领，虏获大批人畜财物。大功告成后，铁木真既复了仇，又提高了威望。从此，铁木真的部属成为蒙古草原上一支强大力量。随后，他与父亲的生前好友、另一部落首领图格勒结盟。历经多年部落战争之后，铁木真终于找到了登上人生的顶峰之路。

1206年召开的蒙古族将领会议上，铁木真被推举为"成吉思汗"。

成吉思汗统一蒙古各部，促进了中国历史的发展。他攻金灭夏，为元朝的建立奠定了基础。军事上，他在战略上重视联系远近各方，力避树敌过多；用兵注重详探敌情、分割包围、远程奇袭、佯退诱敌、运动中歼敌等战法，史称"深沉有大略，用兵如神"。他一生征战四十多年，统一蒙古各部，随后又攻灭西辽，覆亡西夏，鏖战中原，三败金朝，西攻花剌子模等国，威慑欧亚，先后征服四十多个部落和国家。

　　成吉思汗一生金戈铁马，横扫欧亚，他的军事指挥艺术和谋略思想，不仅在中国历史上是绝无仅有的，就是在世界战争史上也是罕见的。成吉思汗将草原上落后、分裂的蒙古族融为一体，并成功地建立了地跨欧亚两大洲的大帝国，重开了"丝绸之路"，推进了东西方以及阿拉伯各国之间的经济、文化交流，他的巨大贡献令人瞩目。

曾国藩屡败屡战

    曾国藩出生于湖南长沙府的一个富农家庭，祖父曾玉屏虽没什么文化，但当过兵，所以阅历丰富，退伍后自己走南闯北，做点小生意；父亲曾麟书为塾师秀才，曾国藩为长子。当时清朝特别注重伦理，作为长子长孙的曾国藩，6 岁时入塾读书，8 岁能读八股文诵五经，14 岁时能读《周礼》《史记》文选，并参加长沙的童子试，成绩俱佳，被列为优等，至道光十二年(1832 年)他考取了秀才。28 岁时，他参加殿试考中了同进士，成为军机大臣穆彰阿的得意门生。在京十多年间，他先后任翰林院庶吉士，累迁侍读、侍讲学士、文渊阁值阁事、内阁学士(稽察中书科事务)、礼部侍郎及兵部、工部、刑部、吏部侍郎等职，十年七迁，连跃十级，从七品一跃而为二品大员。像他这样完全靠做学问就荣升为二品大员，在汉族官员里是非常罕见的，所以当时的官场里，曾国藩是汉族官员的领袖人物。

    咸丰元年(1851 年)爆发的太平天国起义，给了曾国藩一个转变的机会。咸丰二年(1852 年)，曾国藩因母丧在家。此时的太平天国起义军席卷了长江中下游地区，而清政府的八旗、绿营官兵根本不是太平军对手，咸丰皇帝唯有下令各地自办团练，保境安民。作为汉人官员

领袖的曾国藩请命帮办湖南团练，他仿明代戚继光之营制，招募山乡农民，编练成一支新型的武装——湘军。

咸丰四年(1854年)初，曾国藩带领着精锐1万人，加民夫等大概1.7万人，挥师湘潭；他撰写《讨粤匪檄》，檄文声讨太平天国，誓师出战，向西征的太平军进攻，结果连续几次都败于湖南岳州、靖港。

曾国藩作为湘军的首领感到痛不欲生，后来他上书朝廷报告军情时称湘军屡战屡败，请求严议。其左右建议曾国藩把"屡战屡败"换成"屡败屡战"，曾国藩接受了这个建议。当朝廷看到曾国藩所写的奏章后，认为他虽然攻打几次都连遭失败，但是仍然顽强地战斗，其忠心可嘉，不但没有严议他，反而更加重用他。曾国藩从中得到鼓舞，精神大振，重新整顿军务，与太平军血战到最后。最终，曾国藩攻破了天京城池，成为清朝政府镇压太平天国起义的一位有功之臣，他也得到朝廷的重赏。

曾国藩从一个文臣协办团练起家，不官不绅，背负"曾剃头"的骂名，屡被正规军排挤打压，终于排除万难，建立了第一支有战斗力的湘军，扫平太平军。他被蒋介石、毛泽东赞赏有加，他的思想、意志影响了几代人！而这一切的开始都应归于屡败屡战的精神。

名家名流

苏武北海牧羊十九载

自从匈奴被卫青、霍去病打败以后，汉朝和匈奴有好几年没打仗。匈奴口头上表示要跟汉朝和好，实际上还是随时想进犯中原。

匈奴的单于一次次派使者来求和，可是汉朝的使者到匈奴去回访，有的却被他们扣留了。为此，汉朝也扣留了一些匈奴使者。

公元前 100 年，汉武帝正想出兵攻打匈奴，匈奴派使者来求和了，还把汉朝的使者都放了回来。汉武帝为了答复匈奴的善意表示，派中郎将苏武拿着旌节，带着副手张胜和随员常惠，出使匈奴。

苏武到了匈奴，送回扣留的使者，送上礼物。苏武正等单于写个回信让他回去，没想到就在这个时候，出了一件倒霉的事儿。

苏武没到匈奴之前，有个汉人叫卫律，在出使匈奴后投降了匈奴。单于特别重用他，封他为王。

卫律有一个部下叫虞常，对卫律很不满意。他跟苏武的副手张胜原来是朋友，就暗地跟张胜商量，想杀了卫律，劫持单于的母亲，逃回中原去。

张胜表示支持卫律的计划。没想到虞常的计划没成功，反而被匈奴人逮住了。单于大怒，叫卫律审问虞常，还要查问出同谋的人来。

苏武本来不知道这件事。到了这时候，张胜怕受到牵连，才告诉苏武。

苏武说："事情已经到这个地步，一定会牵连到我。如果让人家审问以后再死，不是更给朝廷丢脸吗？"说罢，他拔出刀来要自杀。张胜和随员常惠手疾眼快，夺下他手里的刀，把他劝住了。

虞常受尽种种刑罚，只承认跟张胜是朋友，说过话，但拼死也不承认跟他是同谋。

卫律向单于报告。单于大怒，想杀死苏武，被大臣劝阻了。单于又叫卫律去逼迫苏武投降。

苏武一听卫律叫他投降，就说："我是汉朝的使者，如果违背了使命，丧失了气节，活下去还有什么脸面见人。"他又拔出刀来向脖子抹去。

卫律慌忙把他抱住。这时苏武脖子已受了重伤，昏了过去。

卫律赶快叫人抢救，苏武才慢慢苏醒过来。

单于觉得苏武是个有气节的好汉，十分钦佩他。等苏武伤痊愈了，单于又想逼苏武投降。

单于派卫律审问虞常，让苏武在旁边听着。卫律先把虞常定了死罪，杀了；接着，又举剑威胁张胜，张胜贪生怕死，投降了。

卫律对苏武说："你的副手有罪，你也得连坐。"

苏武说："我既没有跟他同谋，又不是他的亲属，为什么要连坐？"

卫律又举起剑威胁苏武，苏武不动声色。卫律没法，只好把举起的剑放下来，劝苏武说："我也是不得已才投降匈奴的，单于待我好，封我为王，给我几万名的部下和满山的牛羊，让我享尽富贵荣华。先生如果能够投降匈奴，明天也跟我一样，何必白白送掉性命呢？"

苏武怒气冲冲地站起来，说："卫律！你是汉人的儿子，做了汉朝的臣下。你忘恩负义，背叛了父母，背叛了朝廷，厚颜无耻地做了汉奸，还有什么脸来和我说话。我决不会投降，怎么逼我也没有用。"

卫律碰了一鼻子灰回去向单于报告。单于把苏武关在地窖里，不给他吃的喝的，想用长期折磨的办法，逼他屈服。

这时候正是入冬天气，外面下着鹅毛大雪。苏武忍饥挨饿，渴了，捧一把雪止渴；饿了，扯一些皮带、羊皮片啃着充饥。过了几天，他居然没有饿死。

单于见没有折磨死他，又把他送到北海边去放羊，并把他和部下常惠分隔开来，不许他们通消息，还对苏武说："等公羊生了小羊，才放你回去。"公羊怎么会生小羊呢？这不过是要长期监禁他的借口罢了。

苏武到了北海，旁边什么人都没有，唯一和他做伴的是那根代表朝廷的旌节。匈奴不给口粮，他就掘野鼠洞里的草根充饥。日子一久，旌节上的穗子全掉了。

一直到了公元前85年，匈奴的单于死了，匈奴发生内乱，分成了三个国家。新单于没有力量再跟汉朝打仗，又打发使者来求和。那时候，汉武帝已死去，他的儿子汉昭帝即位。汉昭帝派使者到匈奴去，要单于放回苏武。匈奴谎称苏武已经死了。使者信以为真，就没有再提。

第二次，汉使者又到匈奴去，苏武的随从常惠还在匈奴。他买通匈奴人，私下和汉使者见面，把苏武在北海牧羊的情况告诉了使者。使者见了单于，严厉责备他说："匈奴既然存心同汉朝和好，就不应该欺骗汉朝。我们皇上在御花园射下一只大雁，雁脚上拴着一条绸子，上面写着苏武还活着，你怎么说他死了呢？"

单于听了，吓了一大跳。他还以为真的是苏武的忠义感动了飞鸟，连大雁也替他送消息呢。他向使者道歉说："苏武确实是活着，我们把他放回去就是了。"

苏武出使的时候，才40岁，在匈奴受了19年的折磨，胡须、头发全白了。回到长安的那天，长安的百姓都出来迎接他。他们看见白胡须、白头发的苏武手里拿着光杆子的旌节，没有一个不受感动的，说他真是个有气节的大丈夫。

"不取到真经绝不回头"的玄奘

贞观三年（629年），玄奘（zàng）从长安出发，经过兰州到达凉州。当时唐朝国力尚不强大，与西北突厥人正有争斗，禁止百姓私自出关。凉州都督李大亮听说玄奘要西行，强令他返回长安。当地慧威法师敬重玄奘宏愿，令小徒弟慧琳、道整二人秘密送玄奘前进。他们怕白天被官兵捕捉，便夜晚行路。到达瓜州时，他们所骑的马又病死了。这时李大亮捉拿玄奘的公文到达，州吏李昌认为玄奘的宏愿是罕见的，不应扣留他，就动了恻隐之心，催促玄奘赶快前行。

玄奘买了一匹老马，收了一名叫石槃陀的徒弟，连夜上路出发了。慧琳、道整两个人不能忍受长途旅行的劳累和艰辛，很快就回凉州了。路途艰难并没有动摇玄奘西行的决心，他暗暗发誓：不到天竺（今印度），决不东归；纵然客死半途，亦不后悔。

半夜，他和徒弟偷渡玉门关成功，但是徒弟石槃陀宁死也不愿意再陪师父前行。玄奘只好任他离去，孤身一人继续前进。在大漠上看不到行人，黄沙之外，尽是人、兽的骨骸标记的生灵行迹。顺着走，有时像在前面有大队人马在行动，其实这是在孤寂与恐怖的心理状态下偶生的幻觉。玄奘行进到玉门关外的第一个哨口，试图等到夜间偷渡，但还是被守卫发现了，差点被箭射中。校尉王详同情他，得知他不愿东返，就劝他到敦煌修行。玄奘还是表示宁可受刑，也不停留。王详最后让他过了哨卡。

玄奘过了哨卡，再前进就是800里莫贺延碛，古代叫作"沙河"，是所谓"上无飞鸟，下无走兽，复无水草"的地方。玄奘只身行走，默念《般若心经》，鼓励自己。

走了100多里地，他迷失了道路。见到水，他牵马饮水时又不小心把袋子掉到水里，路上用的东西全丢失了，又不知道应该向哪里走，于是决定往回走。但走了不多远，他突然想到：自己先前发过誓，不到天竺决不回头。今天怎么了，竟然往回走了？宁可朝西走死了，也不应该回头生！想到这里，他的劲头又来了，于是便改变方向，继续西行。

随后的旅程更是充满艰辛。白天黄沙飞扬，如同下雨；晚上看见人兽骨骸发出的磷火，闪闪烁烁，阴森可怕。最严重的是走了五个白天、四个夜晚，还没有见到水，干渴让人难以忍受。到第五个晚上，他已没有一点儿力气了，便躺倒在黄沙上。半夜忽然刮起风来，把他吹醒了。他立即爬起来，又上路了。

走了两天，出了流沙，到达伊吾，随后到高昌。可以说这是玄奘取经迈出的决定性的一步，经过这番磨炼，玄奘西行的意志更加坚定了。高昌王热情款待了玄奘，希望他留下来传播佛教。玄奘的目的是前往天竺取经，于是他婉言谢绝。高昌王再三挽留他，玄奘还是不同意留下。

高昌王以为用扣留的方式可以使玄奘屈服。玄奘用绝食来回答，三天滴水不沾。国王深为他的精神感动，就放他西行，还给他剃度4个徒弟、30匹马、25个仆役，并写了24封公文（给玄奘西行将要经过的各个地区的行政首脑，请求关照）。高昌王的礼遇，是玄类以前没有经过的，此后上路，在物质条件上，比前一段好多了。

玄奘到达层支国，因大雪封路，停留了2个月。走到葱岭北边的峻山，终年不化的积雪，使玄奘一行人行走艰难，晚上只好卧在冰上休息。这样又经过 7 天他们才走下山，有 10 多个随行的人因饥饿寒冷而死去了。

玄奘一行人到了康国，由于居民不信佛教，要用火焚烧玄奘的两个徒弟。幸而国王制止，玄奘等人才平安通过。到达缚喝国，玄奘留住一个多月，学习佛教经书。之后一路上他不顾旅途疲劳，多次在一些地方停顿读经，并与当地佛学大师辩经。玄奘有时遇到强盗，衣服财物全被掠夺。同行者悲哀哭泣，他劝慰众人说，人生最宝贵的是生命，生命保住了，损失的衣物算什么。一次，在恒河，强盗认为玄奘体貌魁伟，适合祭祀突伽天神，便把他绑上祭坛，即将行凶。玄奘毫不畏惧，镇静地默念佛经。幸好这时狂风骤起，吹断树枝，暴徒以为老天责怪他们作孽，慌忙向玄奘表示歉意，他这才躲过一场灾难。

玄奘历经艰险，终于到达天竺。他走遍天竺各地，搜集和学习了各种佛学经典，并在天竺各地讲学，受到当地人的尊敬。玄奘为了取回真经一路历尽坎坷，从他身上我们看到的是百折不挠的精神。

张海迪的故事

　　张海迪于 1955 年出生在山东半岛文登县的一个知识分子家庭里。5岁的时候，她的胸部以下完全失去了知觉，生活不能自理。

　　1970 年，她随带领知识青年下乡的父母到莘县尚楼大队插队落户，看到当地群众缺医少药带来的痛苦，便萌生了学习医术解除群众病痛的念头。她用自己的零用钱买来了医学书籍、体温表、听诊器、人体模型和药物，努力研读了《针灸学》《人体解剖学》《内科学》《实用儿科学》等医书。为了认清内脏，她把小动物的心肺肝肾切开观察；为了熟悉针灸穴位，她在自己身上画上了红红蓝蓝的点儿，练针体会针感。功夫不负有心人，她终于掌握了一定的医术，能够治疗一些常见病和多发病，在十几年中，为群众治病达 1 万多人次。

　　后来，她随父母迁到县城居住，一度没有工作。她从保尔·柯察金和吴运铎的事迹中受到鼓舞，从高玉宝写的经历中得到启示，决定走文学创作的路子，用自己的笔去塑造美好的形象，去启迪人们的心灵。她读了许多中外名著，写日记、读小说、背诗歌、抄录华章警句，还在读书写作之余练素描、学写生、临摹名画，学会了识简谱和五线谱，并能用手风琴、琵琶、吉他等乐器弹奏歌曲。她还成为山东省文联的专业创作人员，她的作品《轮椅上的梦》问世，又一次在社会上引起了强烈反响。

　　认准了目标，不管面前横隔着多少艰难险阻，都要跨越过去，到达成功的彼岸，这便是张海迪的性格。有一次，一位老同志拿来一瓶进口药，请她帮助翻译文字说明。看着这位同志失望地走了，张海迪便决心学习英语，掌握更多的知识。从此，她在墙上、桌上、灯上、镜子上，乃至手上、胳膊上都写上了英语单词，还给自己规定每天晚上不记 10 个单词就不睡觉。家里来了客人，只要会点英语的，都成了她的老师。经过七八个年头的努力，她不仅能够阅读英文版的报刊和文学作品，还翻译了英国长篇小说《海边诊所》。当她把这部书的译稿交给某出版社的总编时，这位年过半百的老同志感动得流下了热泪，并热情地为该书写了序言：《路，在一个瘫痪姑娘的脚下延伸》。

以后，张海迪又不断进取，学习了日语、德语等。张海迪还尽力帮助周围的青年，鼓励他们热爱生活、珍惜青春，努力学习为人民服务的本领，为祖国的兴旺发达献出自己的光和热。不少青少年在她的辅导下考取了中学、中专和大学，不少迷惘者在与她的接触中受到启发和教育变得充实和高尚起来。

张海迪在轮椅上唱出了高昂激越的生命之歌，这支歌的主旋律是：一个人生命的价值在于为祖国富强、人民幸福而勇敢开拓、无私奉献！同样，也告诉了我们这样一个道理——不管面前有多少艰难险阻，只要矢志不渝、勇敢向前，终究会到达成功的彼岸。

"付出总有回报"的邓亚萍

乒坛名将邓亚萍出生在河南省，她的父亲就是曾经任河南省乒乓球男队主教练的邓大松。受父亲的影响，邓亚萍从小就喜欢体育运动，并立志要成为一名优秀的运动员。可是，本想进入体校的她，却因为身材矮小、手脚粗短，被拒于体校的大门之外。年幼的邓亚萍从此便只能跟父亲学打乒乓球。父亲对她的要求是非常严格的，他要求邓亚萍每天在上完体能课后，再做100个发球接球的动作。年仅七八岁的邓亚萍，为了能使自己的球技更加熟练，基本功更加扎实，就在自己的腿上绑沙袋，而且把木球拍换成了铁球拍。

这样的训练难度，对一个孩子来说是难以想象的，这种吃苦的精神更是难能可贵的。每当邓亚萍闪展腾挪时，都要承受很大的精神压力和伤痛的煎熬。腿肿了，手掌磨破了，这些都是家常便饭。年幼的邓亚萍从不因此叫苦、喊累，然而身为教练的父亲，却心疼得暗自落泪。

艰苦的训练不断地继续着，小邓亚萍也在不断地进步着。10岁时，她一举获得了全国少年乒乓球比赛团体和单打两项冠军。她被选入国家队，但她深知自己1.49米的身高是竞争的劣势，于是她在完成别人不易完成的大运动量训练之后，还要天天加班加点超额训练。她经常练得大汗淋漓，一堂训练课下来要换几套衣服。她训练的刻苦、耐力的惊人，在国家体委训练局是早已闻名的。

1990年亚运会后，邓亚萍在接受采访时曾脱下鞋袜，展现在记者面前的竟是一双由血泡磨成的、老茧足有铜钱厚的脚板。

"付出总有回报"，由于邓亚萍的执着与努力，她创造了举世瞩目的佳绩。在运动生涯中，她共获得18项世界冠军，成为一位名副其实的巾帼英雄。

绝境是前进的起点

孟子曾说过："天将降大任于是人也，必先苦其心志，劳其筋骨，饿其体肤，空乏其身，行拂乱其所为，所以动心忍性，增益其所不能。"命运将苦难的种子也播洒在了陈嘉庚身上，这成为他人生中的第一次大考验，同时也预示着他非凡命运的开始。

1874 年 10 月 21 日，陈嘉庚出生在福建省同安县集美村，因为战乱不断，有很多人远赴南洋讨生活，这里便成了著名的侨乡。

陈嘉庚的家庭也是一个华侨世家，他出生的时候，父亲正在新加坡经营着米店和一家小厂。从小是母亲独自抚养他长大，因此他与母亲感情很好。

1890 年秋，陈嘉庚来到新加坡，在父亲经营的米店"顺安"号协助族叔经管文书及银钱货账。族叔经常外出，米店业务由陈嘉庚暂时代理。

陈嘉庚从父经商期间，公忠职守，廉洁自律，刻苦学习，勤劳操作。他首先着手扩展米业，兼营外埠生意；接着在柔佛州增开一家黄梨罐头厂，并经营数百英亩黄梨园。

这样精明运筹，加上地皮屋业涨价，顺安的营业就越来越发达了。作为"顺安"号经理的陈嘉庚，初步显示出其经商才能和为人品德，月薪也随着逐渐增加。

数年过去，在陈嘉庚的努力经营下，他父亲已拥有屋地产 30 余万元，加上米业、黄梨业及其他，共有业产 40 余万元，比陈嘉庚接任经理初期增加两倍多，成为新加坡的中等富户。

正当陈嘉庚初显身手之际，母亲却不幸谢世。陈嘉庚闻讯极为哀恸，恨不得立即飞回母亲灵前。但父亲因营业无人替理，不许他奔丧，直到他 27 岁那年，才回到集美安葬母亲。

1903 年，30 岁的陈嘉庚再度南行，一踏入顺安店门，见店里凌乱不堪，好似无人管顾。他心中惴惴不安，急忙赶到新宅拜见父亲，想问个究竟。不料，父亲在久别相见之时，脸上竟毫无笑容。

陈嘉庚知道事情不妙，又匆匆返回"顺安"号，找到他回乡后代任经理的族叔。这位族叔已身染麻木之疾，神情沮丧，问起经营情况，均推不知。他连忙调出账簿，仔细查核，竟发现外欠的流动借款达 32 万元之巨，比三年前他回乡时增加 20 多万。陈嘉庚大吃一惊，再查看资产部分，屋地产业依然只有 30 万元左右，并无增加，而顺安米店的资本却全部用罄，黄梨厂还欠市面白铁皮等款项 5 万余元，加上拖欠大笔利息等项，共计亏空 20 万元。

命运给出身贫苦的陈嘉庚出了难题，而且这个难题竟然是如此大的欠款。"惨喽，惨喽！"陈嘉庚脸上阵阵抽搐。

"幸好你来了，嘉庚。"躺在病床上的族叔有气无力地说道，"我不中用了，这经理还是你接回去吧。"

"不，我不接。"陈嘉庚断然拒绝了。陈嘉庚辛辛苦苦经营了 10 年的企业，曾经蒸蒸日上，并且已经发展到了相当规模。3 年，他回乡仅仅 3 年，一个好端端的企业竟破败到如此地步。陈嘉庚心中充满着无限的哀伤。

陈嘉庚虽然决然地拒绝了接管，但是自从 17 岁南来，父亲的企业一直是他生活的靠山、习商的学堂、练才的场所、创业的基地。这些他经营过的屋业、商店、工厂、种植园，曾经给了他无数的营养，他对这个企业还是充满感情的。

眼见家道中落，陈嘉庚感慨万千。

他在反复权衡后，终于被自己的善心所征服，接管了破败的企业。他决定在困境中扬帆起航，摆脱窘境，重整旗鼓。

陈嘉庚分析了企业的现状，并且立即制定了新的策略：企业收束的计划。

在新策略的执行下，店、厂和屋地产，有的承顶出去，有的招商合股，有的托人转卖，有的暂告停业。剩下的借款 30 万元，则以尚余的屋地产业抵还 1/3。

这样收束下来，市面上的中西商人，大都以为是顺安因乏利不愿滥作，结果既保住父亲声誉，又避免破败加剧。

对父亲破败企业的妥善收束，宣告了陈嘉庚依靠父亲的历史的结束，也使他摆脱了中国旧家庭那种根深蒂固的父子隶属关系，使他成为一个可以创立自己家业的"自由人"。

逆境给人宝贵的磨炼机会，但只有经得起环境考验的人，才能算是真正的强者。很显然，陈嘉庚成了真正的强者。在苦难面前，他从未被吓倒。凭着责任感与勇气，经过艰苦奋斗，他终于在绝境中开辟了一条新的道路，这绝境也成为他人生的新起点。

一个"达人"的诞生

在北京炎热的晌午里，刘伟没睡多久就起床了。母亲从厨房里端出午饭，刘伟用右脚夹住勺子，将韭菜炒蛋和着米饭往嘴里送。

吃过饭后，他开始弹奏《梦中的婚礼》，用脚。用脚弹钢琴与用手类似，许多时候腕部需要悬空。一般人用手弹钢琴，能将手指撑开到 8 度，刘伟的脚趾经过训练能撑到 5 度，需要更多的移动来弥补跨度的不足。

他的房间里贴着周杰伦的大幅海报。"我的理想是做一流的音乐制作人。"刘伟说。

在医院做康复训练的那段时间，他遇到了一位同样失去双手的病人。"他能自己吃饭、刷牙、写字，而且事业上也非常成功，他教了我很多。"

这个人叫刘京生，北京市残联副主席。面对有着同样遭遇的人，刘伟的感受是："如果你一出生就有两个脑袋，别人都觉得很奇怪，但当你遇到一个同样有两个脑袋的人，而且你发现他过得很好，那你肯定会想，他过得好，我也可以。"失去双手半年后，他就学会了用脚刷牙、吃饭、写字。

治疗康复时间是漫长的。两年的时间里，他没有再进学校。在用了一个暑假的时间补习后，他又回到原来的班里。到了期末考试，他仍然是全班前三名。

生活被放到了没有双手的断点上。此时，他第一次看了世界杯电视直播，但足球梦已经破灭。12 岁时他开始学游泳，进入了北京市残疾人游泳队。仅仅两年之后，他就在全国残疾人游泳锦标赛上获得了两金一银。刘伟对母亲许下承诺：在 2008 年的残奥会上拿一枚金牌回来。

命运对刘伟的残酷之处在于：总是先给他一个美妙的开局，然后又迅速地吹响终场哨。在为奥运会努力做准备时，高强度的体能消耗导致了他免疫力的下降，患上了过敏性紫癜。医生告诉他母亲，高压电对于刘伟身体细胞有过严重的伤害，不排除以后患上红斑狼疮或白血病的可能，他必须放弃训练，否则将危及生命。

在放弃了足球、游泳之后，他把希望置放在他的另一项爱好——音乐上。

家人反对他走音乐这条路，但没有成功。刘伟最终没有参加高考，获得了家人借钱买来的钢琴。"人最开心的事情就是能从事自己喜欢的职业，所以我最终选择了音乐"。

用脚弹琴是艰难的，这需要勇气和想象力，许多人用手弹都需要很多年才有起色，何况是脚。

经过长期磨炼，刘伟逐渐摸索出了如何用脚和琴键相处的办法。如同在足球、游泳上的表现，他对音乐的悟性同样惊人。奥运会时，只学了一年钢琴的刘伟上了北京电视台的《唱响奥运》节目，当着刘德华的面，弹了一曲《梦中的婚礼》。接着，他弹着钢琴，与刘德华合唱了一首《天意》。

同年5月，他参加了《快乐男声》济南赛区预选赛，"我的歌还没唱几句就被打断，当我们把钢琴抬进来表演时，不到一半，评委就很不耐烦地打断了演奏，然后一句话也不说。我觉得这些都不算什么，眼前的天空会出现5个字：多大点事啊"。

8月，在《中国达人秀》的现场，刘伟空着袖管走了上来，坐到钢琴前。那首《梦中的婚礼》响了起来。曲子结束，全场起立鼓掌。当评委高晓松问他这一切是怎么做到的时候，刘伟说了一句："我觉得我的人生中只有两条路，要么赶紧死，要么精彩地活着。"

当刘伟被命运再一次放到一个耀目的舞台上，他有些像自己写的歌词那样：永远都清晰。"我一直为自己的梦想努力，现在演奏方面算是一般般吧，创作上正在学习，制作也学了一点儿。人不能把自己说得太好，光环越大，里面的空心越大。我要的只是做好自己，这就OK了。"

外国卷

科技精英

"免疫学之父"詹纳

早年经历

詹纳出生在英国格洛斯特郡伯克利小镇，父亲是一位牧师。上过几年学之后，詹纳便跟随一位乡村外科医生学习医术，后来在一家医院里边学解剖边工作。21岁时，詹纳来到伦敦，师从当时英国杰出的外科医生J. 亨特，并于1792年获得圣安德大学医学学位。可是他的兴趣远远超出医学的范畴，对音乐、诗歌及自然史也都很感兴趣。

研究疫苗

18世纪，天花是导致英国人死亡的主要原因，英格兰岛每年就有45000人死于天花，人们为找出预防天花的可靠方法进行过多年的努力。经过很长一个时期，人们知道患天花病的幸存者从此具有了免疫力，不会再次患天花病。

在东方，这种观察的结果产生了一种接种方法，即用从患有轻度天花症的人体内取出病毒给健康人接种，其目的是为了让接过种的人只染上轻微的天花症，待恢复后获得免疫力。

一次，詹纳应邀去给一位农夫治病。在那里，詹纳发现有15位挤牛奶的少女，各个皮肤白净光滑，于是就称赞她们善于保养皮肤。其中有一位少女说，她们的皮肤之所以比别人好，是因为她们都染上过牛痘，所以没有生过天花。

原来，在英国乡下早有一种认识：牛痘即一种牛生的痘疮，会传染给人。詹纳了解到这一情况，立刻开始着手证实这一村野传说。他让生过牛痘的人同天花患者接触，发现生过牛痘的人没有染上天花；他又把天花菌注射到这些人身上，也没有发生作用。事实证明，接种牛痘具有免疫功能。

1796年5月14日，詹纳将从一个奶场女工手上的牛痘脓胞中取出来的物质注射到一个8岁的男孩詹姆斯·菲普斯体内。如事先所料，这孩子患了牛痘，但很快就得以恢复。詹纳又给他种天花痘，结果不出所料，这孩子没有出现天花病症。经过进一步的调查研究后，詹纳在《天花疫苗因果之调查》一书中公布了他的实验结果，并于1798年非正式地发表了这本书。

这本书成了这一接种方法被迅速采用的主要原因，随后詹纳又发表了另外五篇讨论接种的文章。为了让人们接受接种，詹纳长年废寝忘食，四处宣传。

最初，接种并不被出身于学府的医生们所重视，但是天花毕竟在导致成千上万的人死亡，于是，从欧洲到美洲，人们开始悄悄地实验着詹纳最终确定的牛痘疫苗接种法：将减毒的天花病毒接种给牛犊，再取含有病毒的痘疱制成活疫苗，此疫苗被接种进人体的皮肤后，局部发生痘疱即可对天花病毒产生免疫。

无私的奉献

詹纳一共研究了 27 个病例，于 1796 年宣布他的研究成果。但是他的发现公开以后，受到了来自社会各方面的压力。英国皇家学会不相信一个乡村医生能制服天花，甚至还把他当作沽名钓誉、哗众取宠的骗子。

面对这些，詹纳坦然应对，一直没有对自己的研究失去信心。詹纳选择保持沉默，继续免费为村民接种牛痘。

1798 年，英国、法国、俄国等地区又流行天花，这时接受过詹纳接种牛痘的人已经有 2018 人。在这次天花流行期里，这 2018 人没有 1 人传染上天花。詹纳的发现得到了一次有力的证明，祝贺的函电像雪片般送到他的诊所里。

詹纳无意从自己的发现中获利，他无私地把他的接种方法奉献给世界。但是 1802 年英国议会为了对詹纳表示感谢，授予他一笔 10000 英镑的奖金，几年后又追加一笔 20000 英镑的奖金。

1803 年，詹纳在伦敦成立了皇家詹纳学会，推广种痘免疫的方法。接种牛痘的知识很快传遍世界各地，死于天花的人数在 10 年之内降到最低数量，天花的流行终于被詹纳控制住了。

谁驯服了"上帝怒火"

本杰明·富兰克林是美国历史上第一位享有国际声誉的科学家和发明家。

1746年的一天，富兰克林在家中做电学实验，妻子丽德不小心碰到了一根带电的金属棒，一束电火闪过，丽德被击倒在地，面色惨白，足足在家躺了一个星期才恢复健康。这虽然是试验中的一起意外事故，但思维敏捷的富兰克林却由此想到了空中的雷电。当时，人们恐惧雷电，认为那是"上帝发怒之火"或是"气体爆炸"，但富兰克林经过反复思考，认为雷电只是一种放电现象，与在实验室产生的电火的本质属性应该是一样的。于是，他写了一篇名叫《论天空闪电和我们的电气相同》的论文，寄给了英国皇家学会，却遭到了保守派的猛烈攻击，有人嘲笑他是"想把上帝和雷电分家的狂人"。

富兰克林并没有气馁，决心用自己的科学实验结果来回击他们。但怎样才能证明雷电和电气的本质是相同的呢？富兰克林想到了孩子们玩的风筝，他想如果在打雷下雨时将风筝放到空中，闪电的电就会沿着湿风筝线传导下来。虽然这是非常危险的事，但为了科学真理，他无所畏惧。

1753年4月的一天，暴风雨就要来了。富兰克林和儿子威廉带着风筝和一只储电的莱顿瓶来到户外。风筝是用一块大丝绸做成的，风筝的骨架上装上金属丝，用来吸引雷电；在风筝线的末端有一把铜钥匙。儿子握着线团，富兰克林拿着风筝，紧张地注视着头顶，期待着雷雨早些降临。

不一会儿，雷声越来越近，狂风吹卷着一团团乌云。富兰克林赶紧把风筝抛到空中，奔跑起来。风筝扶摇直上，升到空中，紧接着大雨倾盆，雷电交加。这时他们握住风筝，站到旁边的一个屋檐下。闪电在空中闪烁，雷声轰鸣。但是几分钟过去了，什么也没有发生。

儿子沉不住气了，沮丧地说："爸爸，恐怕这次是白费工夫了。"

"别着急，不要放弃。"富兰克林答道。

突然，一道闪电掠过。有一段风筝线的纤维直立起来，被一种看不见的力量移动着。富兰克林觉得手中有麻木的感觉。他把手靠近铜钥匙，顷刻之间，钥匙上立即射出一串电火花。富兰克林被击倒在地，他惊叫起来："威廉，我受到电击了！但我们终于证明了闪电就是电。"

富兰克林赶忙从地上爬起来，他顾不得危险，用一块布裹住已湿透的风筝线，让钥匙直接向莱顿瓶充电。威廉看到瓶上电花闪烁，惊喜得睁大眼睛，忍不住兴奋地大声喊着："有电！有电！"

事后，富兰克林用莱顿瓶收集的雷电进行了一系列实验，证明了它的性质同用发电机产生的电完全相同。富兰克林父子的风筝实验成功了！然而，在荣誉和胜利面前，富兰克林没有停止对电学的进一步研究。就在这一年，俄国著名电学家利赫曼在做同样的实验时，不幸被雷电击死，这使许多人对雷电实验产生了恐惧。但富兰克林没有在死亡的威胁面前退缩，经过多次实验，他终于发明了避雷针。

富兰克林不但是美国的科学之父，而且是与华盛顿齐名的杰出政治家。他去世后，人们在他的墓碑上刻下了这两句话："他从天空抓到雷电，从专制统治者手中夺回权力。"

九死一生的"炸药大王"

好学的少年时期

1833 年，诺贝尔出生在瑞典首都斯德哥尔摩的一个小镇上。父亲是一个机械师，对发明十分热衷。在诺贝尔的童年时代，父亲常给他讲一些科学家的故事，这使得诺贝尔从小就对实验发明产生了浓厚的兴趣。8 岁时，母亲把诺贝尔送进了附近的学校上学，他在学习上非常用功，成绩总是班里的第一名。1842 年 10 月，父亲在俄国得到了一笔奖金，便在圣彼得堡开办了一个制造水雷和炸药的工厂，然后把全家接到那里。在圣彼得堡，诺贝尔好学的态度，不仅得到了老师的赞扬，也赢得了父兄的喜爱。

艰苦的发明阶段

15 岁那年，诺贝尔遵照父亲的嘱咐，到意大利等国去求学。当返回俄国时，他已成为一位精通德、英、法及俄语的学者，还是一位受过科学训练的化学家。回家后，他立即投入到父亲创办的工厂工作。当时，工厂正为俄国生产急需的武器装备。在工厂的实践训练中，诺贝尔考察了地雷、水雷及炸药的生产流程，研究了大炮和蒸汽机的设计。在这里，他不仅学到了很多实用的工艺技术，还熟悉了工厂的生产和管理。

诺贝尔在一个充满危险的、几乎未被开拓的科学领域进行着不懈的探索，经常与危险相伴。邻居们听说诺贝尔在实验炸药，整日惴惴不安，议论纷纷："我们这不是生活在火山口吗?"巨大的压力让诺贝尔清醒地意识到，这是在进行一项空前艰难的冒险，稍有不慎就会造成无法挽回的惨重后果，所以，他总是小心谨慎地进行实验。

1864年9月3日，意外发生了，硝化甘油试验车间被夷为平地，5名助手全部牺牲，连诺贝尔的弟弟——21岁的埃米尔也未能幸免。这场灾难引发的恐惧从斯德哥尔摩波及全国。诺贝尔的父亲受到了沉重的打击，没过多久就去世了。邻居们出于恐惧，纷纷向政府呼吁、控告。因此，政府下令不准诺贝尔在市区内进行实验。

政府限制、设备受损、资金匮乏、漫长的诉讼和公众对诺贝尔的普遍敌视、恐惧等，都没有使他丧失勇气，止步不前。百折不挠的诺贝尔把实验室搬到市郊湖中的一艘船上。经过长期的研究，他终于发现了一种非常容易引起爆炸的物质——雷酸汞。他用雷酸汞做成炸药的引爆物，成功地解决了炸药的安全引爆问题，这就是雷管的发明。诺贝尔重新获得了社会的信任和支持。

取得巨大成就

1865年，诺贝尔的硝化甘油有限公司在斯德哥尔摩建立，这是世界上第一家生产危险性较小的硝化甘油的工厂。1867年，诺贝尔发明的炸药开始进入市场，成为开发矿山、打通隧道的强大动力。诺贝尔为全世界的工业、农业和军事工程建设做出了重大贡献。

诺贝尔一生共取得255项专利权，其中129项和炸药有关。他把工厂开到了英、美、法、俄、意、德等十几个国家，成为当时世界上的大富翁之一。但他终生未婚，没有子女。1895年11月27日，诺贝尔留下遗嘱，将遗产作为基金，存入银行，每年将基金的利息奖给世界上对和平、文学、物理、化学、生理和医学做出贡献的人。这就是闻名世界的"诺贝尔奖"。

他发明了电话

喜爱语音学的小贝尔

1847 年 3 月 3 日，贝尔出生于英国苏格兰的爱丁堡。他的父亲和祖父都是一生致力于聋哑事业的著名语言学家。贝尔从小就对语音学产生了浓厚的兴趣。

1864 年，17 岁的贝尔进入苏格兰的爱丁堡大学，学习语音专业。1867 年，他又到伦敦大学继续攻读语音学。贝尔在语音学方面的广博而精深的知识，很快引起了专家们的重视。25 岁那年，贝尔便担任了美国波士顿大学的语音学教授。

那时，电报已广泛应用，成为一种新兴的通讯工具。贝尔想：既然电流可以让音叉震动，那为什么人的声音或音叉的震动，不能让电流获得相应音波用来传递声音呢？这一设想就是日后贝尔发明电话的原始起因，不过要把它变成现实，这对当时的贝尔来说，几乎是不可能的事，因为当时的贝尔对电学知识几乎一窍不通！

1875 年 3 月，他专程赶到华盛顿向当时美国威望很高的物理学家约瑟夫·亨利请教。约瑟夫·亨利听了贝尔的设想后，对贝尔说："你有一个很了不起的设想，小伙子，努力干吧！""可是，先生，在制作方面还有很多困难，而更困难的是我不懂电学。""掌握它！"这位大科学家鼓励贝尔说。"掌握它！"这句话从此成了贝尔的座右铭，极大地鼓舞了贝尔走向成功的信心。

发明成功

贝尔专心致志地研究起电学来，业余时间全部用在了对电学的学习上，很快他便掌握了所需的电学和声学知识。1873 年，贝尔辞去波士顿大学语音学教授的职务，开始正式地做起实验来。两年中，他和助手经过了无数的努力，但结果都失败了。

有一天，贝尔和他的助手分别在两个房间里准备做对话实验。贝尔不小心把桌子上的硫酸弄翻了，结果硫酸撒在了他的腿上，不仅烧坏了他的裤子，同时也把他的大腿烧得火辣辣的。被烧疼了的贝尔忍不住叫了起来："华特生，快过来，我遇到麻烦了!"隔壁房间正拿着听筒和对话筒的华特生清楚地听到了贝尔的喊叫，他也高兴地叫了起来："我听到了，贝尔先生!"就这样，电话终于被贝尔发明出来了。

费雪人穷志不短

　　天气很冷。树枝上已没有了树叶，光秃秃的，像石雕的一样，让人觉得冰冰凉。寒风一阵接一阵，吹得树木东摇西晃的，刮破了一扇窗子，那房屋里住着一位贫穷的母亲和一个瘦弱的小男孩儿。这个男孩儿就是费雪。

　　因为穷，小费雪常常会饿肚子，可是他从来不对母亲说，母亲为了能使他和别的孩子一样读书，已经很辛苦了。他能做的只是努力念书，并在母亲面前表现出满足和快乐的样子。每当母亲觉得让他吃了苦，看着他叹气时，他就说："妈妈，我有的是力气，我可强壮呢！"没有了爸爸，他得做男子汉，怎能让母亲受委屈！

　　小费雪在一所普通的市立小学就读。他是班里最穷最瘦弱的学生，可也是全年级最聪明最勤奋最优秀的学生。人人都不能看不起他，只有一个势利的自然课老师和几个功课极差的富家子歧视费雪。费雪也瞧不起他们，有几个钱又算什么？可是，有一次在自然课的课堂上，他和老师发生了争执，那一次争吵令他终生难忘。自然课被排在上午的最后一堂，费雪忍受了一个上午的寒冷，到了第四堂课，肚子里本来就少得可怜的早餐现在早消耗尽了，坐在那里瑟瑟发抖，但他仍很专心听课。

　　老师从门口走进来，满教室巡视一遍，当他的目光落到费雪的身上立刻变得十分厌恶。费雪知道老师此刻的眼神，他没有抬头，仍然很镇静，他的自然学得好极了，老师拿他没办法。可是此刻，他冷得发抖，牙齿咯咯直响，他克制不了。他想："这下他可要得意了，以为我开始害怕他了呢！"上课了，费雪才抬起头来看黑板。可讲不到几句，老师忽然冲着费雪大叫一声："喂！你在那里晃动什么？"费雪瞪大了眼睛，刚想开口回答，吼声又响起："说你呢，瞪我干什么？""先生，我……我只是有些冷，我并没有晃。"费雪好声好气地回答他，对于瞧不起他的人，他一向坚持忍让的态度。

"你母亲难道不管你？倒也是，一个洗衣工能干出什么好事来？你既然能来念书，还会买不起纸笔吗？"自然老师一脸厌恶地骂着。

"先生，我的母亲对我很好，如果您对我的作业不满意，我会注意认真写！"费雪不卑不亢地说，其实他心中早已万分愤怒：一个老师，再讨厌学生也不能当众侮辱他的父母吧！

自然老师气极了，重重地拍了一下桌子，"你如果再晃动，就给我到外面去！""先生，我没有犯错误，不需要站出去！"费雪讲得字字有力。那位老师也不能再讲什么，悻悻然继续讲课，讲得气呼呼的，费雪却听得乐滋滋的。

放学回家的路上，费雪被一群无聊的富家子拦住。"啊哈！洗衣工的孩子，你晃动什么呀？"一个男孩儿学着老师的腔调大声说，另一个立刻接着说："我会注意的！"一群人嘻嘻哈哈推推搡搡。费雪只管往前走，一眼也不看他们。他们闹了一阵，觉得没趣就都散开了。费雪的脸上堆起笑容，步履轻松地回家去了。

吃过了晚饭，他又想起了今天上午的事情。是不是人穷就得受人欺负？是不是书读得再好也没什么用？可是一想到母亲，他立刻变得坚强起来：我是个男子汉，我得照顾母亲。我得让他们知道我是好样的，我是个好母亲培养出来的好孩子。

接下来的问题只是怎样才能让自己暖和起来而不让母亲知道。费雪找了妈妈的一件工作服，看了看，想着穿上它也许会好些。趁着妈妈睡着了，他把它穿在身上，工作服虽大，但这样暖和多了。然后他便爬上床睡觉去了。

从那之后，费雪每天都更加勤奋地学习，他的自然课一天比一天学得好。终于有一天，那位老师改变了对费雪的歧视态度，对他说："你，是好样的!"费雪的心头像放下一副重担，他想他现在终于可以轻松一下了，可一转念，他发觉他已经喜欢上自然课了。从此，费雪和那位老师越来越亲密。

上了中学，费雪一如既往地热爱生物课。现在，他已不只是上学，还要打工——一份送报的差使，以帮助妈妈。他还研究一些高年级才能学到的问题。他遇到了一位欣赏他的好老师，帮助他学到了更多的东西。后来他还上了大学。在大学里，他有幸遇上一位化学家，并与他一起进行科学研究。

1902年，费雪获得诺贝尔化学奖，这位穷人的孩子终于获得了成功!

穿越时空的放射之光

在磨难中成长的科学家

居里夫人于 1867 年出生于波兰华沙市，当时波兰正在俄国统治之下。她的父母都是教师，失业后承包了学生食堂，年幼的居里夫人也要协助做饭。在压迫中降生，在铁蹄下长大的小玛丽不明白为什么波兰的孩子不准学波兰话，不准看波兰书，还要在沙俄监察员的监视下学习。父亲和哥哥告诉她"压迫会产生反抗"、"知识就是力量"，这些话唤起她追求知识和提高学习成绩的强烈愿望。从此，小玛丽的心里，就埋下了对祖国热爱、对侵略者憎恨的感情。为祖国解放而学习的念头，在她的脑海里翻腾着。中学毕业后，她当了家庭教师。但是她渴求知识的愿望从未改变。然而在戴着殖民枷锁和封建镣铐的波兰，大学是不收女生的，所以她梦想去巴黎学习物理和化学，她的姐姐幻想到巴黎学医，她们一点一点地积蓄着去巴黎求学的费用。最后姐姐先到巴黎去，她留在波兰挣钱供姐姐上学。

玛丽不仅刻苦自学，而且不辞辛苦地到波兰农村给孩子们讲授科学知识，到工厂女工中传播波兰文化，而这样做是随时都有可能被密探们发现，被沙俄监察员抓走的。可是玛丽的心中只有一个念头：为被压迫的祖国服务，为祖国的解放而学。正像她给自己一位童年时代的朋友的信中所说："我用尽了力量来应付这一切，再接再厉……我有一个最高原则：不管是对人或者对事，都决不屈服！……"五年后，姐姐获得了博士学位，玛丽来到巴黎索尔本学院求学。她穿着破旧衣服，住着简陋小屋，用面包和茶水充饥。大学的图书馆吸引着玛丽，她像一块贪婪的海绵，拼命地吸吮着知识的乳汁。忘记吃饭，对于玛丽来说已经成为司空见惯的事了。她每晚离开图书馆回到自己的小屋里，在煤油灯下继续用功，一直到后半夜两点钟。当她躺在床上休息的时候，又被冻得不得不爬起来，把自己所有的衣服一件一件地全部穿上，再重新躺下。艰苦的生活，刻苦的学习，使得这位年轻的姑娘面色苍白、容颜憔悴。然而，在索尔本学院的学位考试中，玛丽以优异的成绩获得了物理学硕士第一名。1893年和1894年，玛丽先后以第一名和第二名的好成绩分别获得巴黎大学理学院的物理系硕士学位和数学系硕士学位。毕业后不久，玛丽结识了志同道合的法国物理学家皮埃尔·居里，并于1895年完婚，所以玛丽又被称为"居里夫人"。

勤奋地工作

1895年，德国科学家伦琴发现了一种能透过固体物质的X射线。第二年，法国物理学家贝克勒又发现了一种从铀盐矿物中放射出的射线，与X射线非常相似。这两项发现激起居里夫人浓厚的兴趣。

1897年，居里夫人把对放射性物质的研究作为博士学位的论文课题。于是，居里夫人和丈夫一起对这种物质进行了深入的研究。最终他们发现了两种新的化学元素，它们比铀具有更强的放射性：一个是"钋"，它是居里夫人出于对祖国的热爱，以波兰的第一个字母命名的；另一个是"镭"，它倾注了居里夫妇巨大的心血。从1898年到1902年的时间里，通过坚持不懈的探索研究，居里夫妇终于从几十吨沥青矿渣中提炼出十分之一克镭，并测定了镭的原子量。

几十年来，居里夫人由于长期从事放射性物质的研究工作，加上恶劣的实验环境和对身体保护的不够严格，时常受到放射性元素的侵袭，使她的血液渐渐受到了破坏，患上了白血病。她还患有肺病、眼病、胆病、肾病，甚至患过精神错乱症。在居里夫人看来，科学研究要比她本身的健康更重要。她曾为了能参加世界物理学大会，请求医生延期施行肾脏手术；她曾带病回国参加镭研究所的开幕典礼。她曾忍受着眼睛失明的恐惧，顽强地进行科学研究。直到她生命的最后一息，由于恶性贫血、高烧不退，躺在床上的时候，仍然要求她的女儿向她报告实验室里的工作情况，替她校对她写的《放射性》著作。1934年7月4日，居里夫人不治而亡，她把自己的一生完全献给了伟大的科学事业。

"世纪伟人"爱因斯坦

科学成就

爱因斯坦于 1879 年 3 月出生于德国一个犹太人家庭。16 岁时，他因厌恶德国学校的军国主义教育，报考了瑞士苏黎世的联邦工业大学工程系，可是入学考试失败了。他接受了联邦工业大学校长以及该校著名的物理学家韦伯教授的建议，在瑞士阿劳市的州立中学念完了中学课程，并取得中学学历。

1896 年 10 月，爱因斯坦跨进了苏黎世工业大学的校门，在师范系学习数学和物理学。他广泛地阅读了赫尔姆霍兹、赫兹等物理学大师的著作，最令他着迷的是麦克斯韦的电磁理论。他有着自学本领、分析问题的习惯和独立思考的能力，这为他日后成为现代物理学的开创者和奠基人，打下了坚实基础。

1911 年，年仅 32 岁的爱因斯坦被著名的布拉格大学聘为教授。爱因斯坦的推荐人——当时德国最著名的理论物理学家普朗克，在推荐书中写道："要对爱因斯坦的理论做出中肯评价的话，那么可以把他比作 20 世纪的哥白尼。这也正是我所期望的评价。"

普朗克对爱因斯坦的高度评价绝非言过其实。因为爱因斯坦在他 26 岁那年，就已经在物理学方面取得了重大的突破，尤其是狭义相对论的创立，更是引人注目，震惊了当时的物理学界。

坚强的科学家

第一次世界大战爆发后，德国的多位著名的科学家在一些人的蛊惑下发表宣言，为德国的侵略行径辩解，但爱因斯坦拒绝在这份宣言上签字。

1933年，希特勒上台后，德国日益法西斯化。由于爱因斯坦进行了一些进步的活动，又因为他是犹太人，所以被德国纳粹分子列为重要的迫害对象。幸而他于1932年底离开德国到美国讲学，才免遭毒手。他在柏林的住所被查抄和捣毁，他的财产被没收，他的著作被焚毁，纳粹党人还悬赏2万马克要杀害他。

面对纳粹分子的暗杀，爱因斯坦没有畏惧，而是坚定地战斗着。当他的挚友劳厄写信劝他对政治问题采取明哲保身的态度时，他不顾个人安危，大声疾呼，指出"法西斯就意味着战争，和平必须用武装来保护"，呼吁美国人民起来，同法西斯作斗争。

1955年4月18日，科学巨人爱因斯坦病逝。他生前立有遗嘱，要求把他的骨灰撒在不为人知的地方。1999年12月26日，爱因斯坦被美国《时代周刊》评选为"世纪伟人"。

解析梦境的大师

坚强的少年

　　弗洛伊德出生于奥地利弗莱堡（今属德国）的一个犹太商人家庭。父亲是布匹商。弗洛伊德3岁时，父亲所从事的贩布行业形势不好，导致生意破产，债务缠身。这样恶劣的环境，造就了弗洛伊德坚强不屈的品格。

　　由于家庭贫困和身为犹太人的原因，弗洛伊德没有上过小学。但父亲为了使他能够学习知识，四处借书给他阅读。在父亲的培养下，弗洛伊德对学习产生了浓厚的兴趣，这段时期他比上学的孩子读的书还要多。10岁时，弗洛伊德上了中学。在学校里，弗洛伊德读书非常刻苦。他不满足教科书中所讲的知识，总是按教科书的提示去阅读大量的参考书。他把解难题当作一种乐趣，这培养了他独立思考和敢于解决困难的精神。

　　弗洛伊德除了学习学校安排的课程外，还阅读了大量课外书籍，而且自修了希伯来文。此外，他还精通拉丁文、希腊文、法文、英文、意大利文和西班牙文。

伟大的心理学家

　　1873年，弗洛伊德以优异的成绩中学毕业后，顺利进入维也纳大学学习医学。弗洛伊德学医并不完全是为了从事临床医疗工作，而是想用科学的方法去研究人和社会。

弗洛伊德大学毕业后，在维也纳以神经病理学家的身份开诊所，兼任维也纳大学客座讲师一职。这一职务使他由神经病学转向心理学，而有关精神分析的系统讲述和写作工作也由此开始。

1900年，弗洛伊德出版了《梦的解析》一书。在这本书里，他分析了自己及病人讲出的梦例，认为在人的精神活动中，梦是满足欲望的伪饰表现。在精神内部，愿望要满足就会与诸般禁忌之间形成冲突，梦是这种冲突妥协的结果。这本书出版后，遭遇当时医学界的冷落。

10年以后，这本书才受到重视。一批著名学者，如荣格等人拜入他的门下，精神分析学派初步形成。弗洛伊德发展出来的精神分析理论引起了学术界的轰动。

弗洛伊德是20世纪影响最大的学者之一，他的心理学研究，给整个世界历史的发展带来了巨大的影响，被誉为"精神领域的哥伦布"。

盯住疟疾不放

成长密码

　　罗斯祖籍英国，1857 年出生于印度乌塔朗查尔州的阿尔莫拉，他的父亲是印度军队里的一名将军，他的祖父也曾是一名陆军上校。罗斯从小天真活泼、调皮机灵，有满脑子稀奇古怪的想法和问不完的问题。

　　罗斯 8 岁那年被家人从印度送回英国的南安普敦，进入一所寄宿学校。在学校里，罗斯的兴趣主要在写诗、绘画和作曲方面，并幻想有朝一日成为一位艺术家。

　　进入寄宿学校以前，有一个特别炎热的夏天，人们甚至感到呼吸都有些困难。罗斯的父母一连好几天都把罗斯关在家里，不许他上街去玩耍，外面很热，担心他出意外。小罗斯被关在屋里，浑身不自在，他很想出去，多次请求妈妈。妈妈却说："不行！罗斯，现在这个镇上疟疾闹得很厉害。"

　　罗斯没能出去玩，只好待在家里。闲着没事的时候，罗斯就思考这些问题，他决心要弄个明白。

　　后来，一到夏天，罗斯就背上包裹到疟疾流行的地方去观察。去了很多地方，观察了好长时间，他都没弄清导致疟疾的原因，反而在第二次考察过程中被可恨的疟疾"缠住"了身体。

一天，罗斯在考察时突然昏厥过去，醒来时发现自己躺在一个农家的竹床上，旁边坐着一位老人。老人很慈祥地看着罗斯，见到罗斯醒来了才长长地舒了一口气。老人给他端来一碗稀饭，可是，一些蚊子飞来，围着稀饭嗡嗡乱叫。老人伸出手晃动着想把蚊子赶跑，可就是赶不跑。罗斯突然想到，疟疾会不会是蚊子传播的呢？

罗斯脑子里的灵光一闪，他很快捕捉住了这一灵感。从此，他便有意识地研究蚊子与疟疾的关系。慢慢地，罗斯通过潜心研究，终于解开了这个谜团。

成功之道

1874 年，罗斯考入伦敦圣巴塞洛医学院，成为一名医科学生，毕业后他被派到印度工作。罗斯在去往印度的路上，正赶上疟疾流行，许多人因为没有得到及时救治而死亡。政府官员对此也束手无策。这时，有人把研究者拉佛朗发现的疟疾标本和对疟疾由蚊子传播的假说向罗斯做了介绍。之后罗斯专门研究疟疾的传播媒介。

后来，罗斯在军医部门当外科医生。尽管他遇到了很多困难，但仍顽强地努力着。他确信蚊子和疟疾之间存在密切关系。罗斯为了更好地研究，经常去野外捉蚊子，然后解剖它们，详细地观察。

1897 年，罗斯被派到南印度，在那里他又遇上了疟疾。这次他又生病了，而且病得更严重，差点丢了性命。但他不听别人的劝告，仍然义无反顾，当身体恢复之后，再次投入研究中。他试图建立疟疾和蚊子的联系，但是经过多次实验之后还是以失败告终。罗斯注意到，或许是因为蚊子种类的不同，也许只有一种或两种蚊子携带寄生虫。于是，罗斯对许多蚊子进行解剖，依然没有找到原因所在。

后来，罗斯经过饲养、解剖蚊子，终于在一种蚊子的胃腔和胃壁中发现了疟原虫。1898 年，罗斯在患疟疾的鸟类血液中发现了类似的着色胞囊，在蚊子的唾液中观察到鸟类疟原虫——变幻虫的子孢子，从而证实了蚊子传播疟疾的假说。

为了进一步证实疟疾是由蚊子传播的，1899 年，罗斯率领一支探险队深入疟疾猖獗的西非地区，经过 3 个月的实地考察，终于在蚊子的胃肠道中发现了人类疟原虫的卵囊。罗斯的发现说明，只要消灭蚊子，就可以预防疟疾病的传播。

罗斯的研究为疟疾的防治创造了条件，1902 年他因此获得"诺贝尔生理学或医学奖"。

让黑夜亮起来的发明大王

　　大发明家爱迪生8岁那年才上学。刚刚上学的爱迪生不仅没有表现出特别的才能，反而常常会使老师感到头痛和恼火，因为他经常在课堂上提一些让老师难以回答的问题。

　　有一次，老师正在课堂上讲数学题，听着听着，爱迪生突然发问："老师，2＋2为什么等于4?"老师觉得爱迪生笨拙而调皮，就反问道："不等于4，难道等于5?"爱迪生很想弄明白这其中的原因，忍不住又问老师："2＋2为什么不可以等于5呢?"老师听后大为恼火，认为他有意捣乱，于是厉声训斥道："爱迪生，你再故意捣乱，就给我滚出去!"

　　回到家后，爱迪生将课堂上发生的事情告诉了妈妈："妈妈，我想要知道加法的道理，可老师却骂我。"妈妈听了儿子的叙述很生气，便领着爱迪生去找老师。老师却告诉她："你的孩子又笨又捣乱，不管我怎么教，他都学不会。我不愿意教这样的孩子，你把他领回去吧。"

　　妈妈只好领着爱迪生离开了学校。从此，妈妈承担了教他读书的任务。爱迪生的妈妈是个知书达理的人，她给儿子讲文学、历史，讲许许多多科学知识。妈妈的辛勤教育和引导，使得爱迪生充满了求知的欲望。他一边读书，一边在自家的地窖里建起了一个小实验室。尽管家境贫寒，他没有机会像其他孩子一样接受系统的正规教育，但他始终不间断地学习。

　　爱迪生12岁的时候，在火车上卖报。车长特别批准他在火车上的一节乘客吸烟的专用车厢的一角存放他的化学药品和瓶瓶罐罐。每当卖完报，他就投入到有趣的实验中。有一次，由于不慎，他的"小实验室"着了火。车长很生气，把爱迪生做实验的东西全都扔了出去，并狠狠地打了爱迪生一记耳光，致使他的一只耳朵从此失聪。

可是，什么也不能阻挡爱迪生钻研科学的决心。他省吃俭用，又筹备好了新的实验设备，继续着自己喜爱的化学实验。然而，化学实验的危险事故却时有发生。一次，硫酸烧毁了他的衣服；另一次，硝酸差一点儿弄瞎了他的眼睛……他没有就此被吓倒，而是顽强地继续着……

一次，爱迪生在试制电灯时，为了找到一种价钱便宜、使用时间长的灯丝，一连工作了几十个小时，试验了无数次，累了他就躺在实验台上睡一会儿。不懈的努力终于换来了回报，他终于发现了适合的灯丝，电灯就这样问世了。

之后，爱迪生又陆续发明了电影、留声机等 1000 多种与人们生活息息相关的物品，成为名副其实的世界发明大王。

在嘲笑中前进的车轮

斯蒂芬逊出生于一个煤矿工人家庭，贫寒的家境，使得他不仅没有念过一天书，而且早早地就与大人一起分担家里的生计。8岁时，他就去给人家放牛；10岁时，他就在煤矿上做些零活；14岁时，他就跟随着父亲到煤矿上工了。低微的身份令他处处被动，经常会受到他人的嘲讽，可他从不把嘲弄当回事。

煤矿工人的生活是艰苦的，在实际的工作中斯蒂芬逊深有体会，于是他决心要发明一种能够不用人力运煤的机器。当时发生了一件轰动的事，让他产生了兴趣。1801年，第一台蒸汽机车问世，它是英国人特勒维研制出来的。但是在试车时，蒸汽机车不是行驶在铁轨上，而是马路上，而且行驶速度很慢，这招致了很多人的嘲笑，大家都戏称特勒维的机车还不如马车跑得快，气得特勒维就此放弃了继续研制机车。

斯蒂芬逊觉得特勒维的发明会对自己有帮助，于是找到特勒维，要跟他学习研制机车。但被他人嘲笑怕了的特勒维却表示不愿意再干这样的"傻事"了。于是，斯蒂芬逊开始了自己的思索，他由矿上用于抽深水井的蒸汽机，想到了能拉动十几吨重的东西的特勒维所制造的机车，通过仔细观察和反复思考，终于悟出了其中的奥妙都在于蒸汽机的力量。

找到了目标，斯蒂芬逊马上开始了行动。他不辞辛苦地步行了1000多千米，来到了瓦特的故乡苏格兰，在那里学习了一年。经过不断地研究与学习，在前人经验和教训的基础上，他终于在1814年制造出了第一台能够实用的蒸汽机车"布鲁海尔"号。

同年7月，斯蒂芬逊所制造的火车开始了第一次试车。火车的载重量是 30 吨，共 8 节车厢。它慢慢地行驶在平滑的轨道上，由于没有装配弹簧，车开动时震动声很大。

于是，讥笑声四起，人们说斯蒂芬逊的车还不如马车跑得快，声音比打雷还响，这种火车能把牛马都吓跑了！就连一些原来赞成试验蒸汽机车的官员也开始反对他，断言蒸汽机车是不可能作为交通工具的。

斯蒂芬逊并没有被讥笑声吓倒，他没有气馁，又继续对火车头进行研究和改进。1825 年 9 月 27 日，斯蒂芬逊制造的"旅行 1 号"机车，在斯托克顿—达灵顿铁路上试车。这再次吸引了大家的目光，围观的人中有的为斯蒂芬逊担忧，怕他再遭失败，而更多的人在等着看他的笑话。

斯蒂芬逊坐在驾驶室内操纵着机车，蒸汽引擎吸入大量气体，又排出部分蒸汽，随着呼呼作响的声音，机车开动了。围观者惊恐万分，都担心机车会爆炸，可是经过一段时间的观察，发现没有什么动静，才又走近观看。为了让人们清楚地看到它与马车的优劣，斯蒂芬逊安排了 4 节由马匹牵引的车厢紧跟其后。结果是令人振奋的，斯蒂芬逊终于成功了。

这次试车的成功，轰动了英国和欧美，他们称斯蒂芬逊研制的火车为"怪兽"。从此，铁路运输登上了历史的舞台。

宇宙之谜的探索者

聪颖的少年

1942年1月8日，史蒂芬·霍金诞生在英国的牛津郡。他的父亲是一位声望很高的医生，兴趣广泛，是他把小霍金的兴趣引向了天文学。父亲鼓励霍金在科学上保持浓厚的兴趣，并对他的数学进行辅导。他还经常把霍金兄妹俩带到博物馆去参观，妹妹留在自然历史博物馆，霍金则留在科学博物馆，饱览科学世界的奇观。

父亲希望霍金学习生物学和医学，将来继承自己的事业，而霍金却坚决地说："不，爸爸，我喜欢数学和物理，我的理想是当科学家。"1959年，17岁的霍金考进英国牛津大学学习物理。1963年，霍金从牛津大学毕业，以优异的成绩考入剑桥大学研究生院，继续学习物理学。

坚强的霍金

1963年，年仅21岁的霍金被确诊患上了不治之症，医生直截了当地告诉他："你最多还能活两年半。"这个噩耗好比晴天霹雳，让霍金陷入了深深的绝望中，他经常把自己关在黑暗的房间内。但后来的两件事改变了他的想法：一件是在住院期间，他亲眼目睹对面病床上的一个男孩死于肺炎。霍金回忆说："这是个令人伤心的场合。很清楚，有些人比我更悲惨。我的病情至少还没有使我觉得生病。每当我自艾自怜时，就会想到那个男孩。"第二件事是在他出院后不久，做了一场自己被判处死刑的梦。他忽然意识到，如果自己被判"缓刑"的话，还可以做许多有意义的事情。就这样，霍金不再消沉，开始致力于理论研究工作。

霍金的病情渐渐加重，1970年，在学术上声誉日隆的霍金已无法自己走动，他开始使用轮椅。1985年，霍金完全失去了说话的能力。但他就是在这样的情况下，出版了惊世之作《时间简史》，这是一部探索时间本质和宇宙最前沿问题的优秀科普著作。在这本书中，霍金以未受过系统科学教育的普通人能理解的方式，深入浅出地叙述了关于"宇宙的起源和命运"的基本思想，解答了人类有史以来一直探索的问题——时间有没有开端、空间有没有边界，等等。

2001年秋天，霍金又出版了《果壳里的宇宙》。这是一本图文并茂的科普著作，更受读者欢迎和专家好评，获得该年度世界最知名的科普图书奖——安万特科学图书奖。与《时间简史》相比，《果壳里的宇宙》大量使用图形来解释宇宙学概念，给读者一种直观印象。

令人感动的人

霍金发表演讲的情形，给人留下深刻的印象，让人感动。一张平凡的轮椅，一个干瘦的中年残疾人，坐在轮椅上的身体像个木乃伊，他的头歪着，唇不动，身子也不动。他演讲的内容是预先录音的，那是他用三根能动的指头艰难地在他的小电脑上选字母、拼单词、造句子，然后再由电脑的"声音合成器"播放出来。可是，你知道吗？为准备一个小时的讲演录音，他得花上十多天的工夫才能准备好。

他的身体因为疾病而变形，但他的头脑却充满智慧，是天文物理、理论物理界最聪明的一个脑袋。他的成功，缘于他有明确的目标、不懈的努力和顽强的意志。霍金作为成功的榜样，永远激励着人们在顺境和逆境中追寻伟大的事业和美好的人生。

文艺大家

逆境中成长的伟大诗人

遇到良师

1265年5月，但丁出生在意大利佛罗伦萨的一个没落的贵族家庭里。在他5岁那年，母亲去世。同年，但丁拜著名学者布鲁奈托·拉丁尼为师，学习拉丁文、古典文学、诗文和修辞等。

自从母亲去世以后，但丁因为悲伤，很少和别人说话。刚开始拉丁尼还以为但丁是哑巴，因为上课的时候，拉丁尼问他问题，他总是睁大眼睛，一句话也不回答。后来，拉丁尼才知道，是因为母亲的离去给幼小的但丁带来了创伤，才导致他这样的。拉丁尼决定对但丁采取另一种教学方式，那就是给但丁爱和关怀。

在以后的日子里，拉丁尼对但丁的关爱使但丁心灵里的创伤渐渐愈合。但丁把拉丁尼当成自己最好的朋友。后来，在拉丁尼的引导下，但丁10岁时便读遍了维吉尔、奥维德和贺拉斯等名家的作品。

但丁的青年时代是在博览群书中度过的。他勤奋好学，求知欲强，曾经到帕多瓦、波伦那和巴黎等地的大学深造。他对美术、音乐、诗歌、古典文学、哲学、历史、天文等都有很深的研究。18岁时，但丁已经成为一位多才多艺、学识渊博的学者了。

但丁在 1292 年到 1293 年间写出了诗歌集《新生》，以此纪念他的女友贝阿特丽采。贝阿特丽采是但丁少年时邻居家的女孩，虽然他们只见过几次面，但丁却把她视为崇高美德的化身。诗中抒发了但丁对贝阿特丽采深挚的感情，风格清新自然，细腻委婉。

流放岁月

30 岁那年，但丁投身政治运动，反对封建贵族的统治和罗马教皇对佛罗伦萨的干涉。后来，罗马教皇控制了佛罗伦萨的政权，开始对以前的反对者进行迫害。1302 年，但丁被没收全部家产，并被判处终身流放。在流放期间，但丁组织过武装斗争与和平谈判，但最终未能回到故乡。

从 1304 年起，但丁开始进行文学创作，以此来寄托自己的理想和抱负。他先后创作了《飨宴》《论俗语》和《帝制论》三部作品。《飨宴》是一部百科全书性质的诗体论文集，作品体现出"人的高贵在于具有崇高的思想，而不在于等级地位的高低"的思想。从但丁的整个创作思想发展过程来看，《飨宴》是从《新生》向《神曲》过渡的桥梁。

1307 年，在流亡生活最痛苦的时候，但丁开始了《神曲》的创作。这是他长期酝酿的一部巨著。

《神曲》由《地狱》《炼狱》和《天堂》三部分构成。但丁对主人公幻游地狱、炼狱和天堂中遇到的离奇故事进行了描写，反映出意大利时代转折时期的现实生活和社会变革，透露出了人文主义的新思想。

这部长诗是但丁经过 14 年创作才完成的，书中对古代西方的政治、哲学、科学、诗歌、绘画等作了艺术性的阐述和总结。它不仅在思想性、艺术性方面达到了时代高峰，而且成为一部传授知识的百科全书式的鸿篇巨制。

但丁《神曲》的创作，标志着欧洲中古文学向近代文学的过渡，因此恩格斯称他是"中世纪的最后一位诗人，同时又是新时代最初的一位诗人"。

痴心写作的巴尔扎克

小小读书迷

巴尔扎克出生于法国卢瓦尔河畔的小城图尔市的一个资产阶级家庭。1807 年，8 岁的巴尔扎克被送进图尔市的旺多姆学校读书。在学校里，巴尔扎克的学习成绩并不好，他经常因为调皮被老师关进一间黑屋子里反省，这对巴尔扎克的自尊心有很大的打击。

有一年秋天，学校里调来一位新老师。他格外偏爱巴尔扎克，经常给巴尔扎克补习功课。一天，巴尔扎克被这位年轻的老师叫到了办公室里。老师对他说："这是一本法国历史书，你拿去好好读一读，一周之后还给我。"可才过去三天，巴尔扎克便把书还给了老师。老师感到非常惊讶，于是考了一下巴尔扎克，发现他对答如流。老师非常高兴，便又借给了巴尔扎克一本文学书籍。从此，巴尔扎克就在这位老师的引导下读完了一本又一本书。

巴尔扎克的阅读速度非常快。他具有极强的记忆力和分析能力，读书时他并不是一个字一个字地读，而是抓住书里的中心内容，着重理解；对于书里的人名、地名、对话、故事经过等，他都记得非常牢固。通过阅读，巴尔扎克掌握了许多知识，这为他日后从事写作打下了基础。

艰难的开始

1816 年，巴尔扎克进入大学法律系读书。大学毕业后，他想要当作家，却遭到了父亲的强烈反对。尽管如此，他还是坚持自己的志向。最后，父亲终于妥协，答应给他两年时间，让他去证明自己究竟有无文学才能。

1820 年 4 月，经过几个月的努力，巴尔扎克写出诗体悲剧《克伦威尔》，这部剧作没有受到欢迎。但创作的失败并没有动摇他的决心，巴尔扎克决定转而写小说，但同样失败了。两年过去了，他没有写出像样的作品来。勃然大怒的父亲为了惩罚他，断绝了他的经济来源。失去家里经济支持的巴尔扎克，陷入了贫困的境地，不得不开始考虑金钱问题。

1821 年至 1824 年间，巴尔扎克与朋友合作，写了许多迎合当时社会风气、内容粗鄙、情节荒诞的神怪小说，希望借此摆脱经济上的贫困。后来，巴尔扎克又制定了许多发财致富的计划，但都没有成功，反而令他欠下了许多债务。为了躲债，他常去贫民区。在那里，他了解到了下层人民的贫困生活。这段经历使巴尔扎克真正认识了法国社会。

努力创作

经商的失败，使巴尔扎克重新回到文学创作上来。他开始疯狂地进行写作，差不多每天半夜就起床，先喝上一杯咖啡，然后便投身于写作之中，一连工作 12 个小时。

1829 年，他完成了一部历史小说《朱安党人》。这是他的第一部重要作品，也是《人间喜剧》的第一部，它标志着巴尔扎克创作风格开始由浪漫主义转变为现实主义。

随后巴尔扎克的作品开始大量问世，如《欧也妮·葛朗台》《驴皮记》《高老头》等，他一时成为巴黎家喻户晓的人物。巴尔扎克付出了 20 年的心血和精力，塑造了欧洲文学史上同时也是世界文学史上的一座光辉灿烂的丰碑，这就是他留给我们的最宝贵的文学遗产——《人间喜剧》。

不屈不挠的塞万提斯

塞万提斯是西班牙著名小说家、戏剧家、诗人。他的小说《堂吉诃德》被誉为"文学史上第一部现代小说"。1547 年 10 月 9 日，塞万提斯生于西班牙一个破落贵族家庭。

1568 年，21 岁的塞万提斯已经开始作诗，并被马德里一所学校的校长胡安·洛佩斯·德奥约斯选中在该校任教，他在这一时期写下了自己的第一首诗，以纪念腓力二世年轻的王后伊莎贝尔。同年，塞万提斯离开西班牙，来到了意大利。与此同时，像大多数人一样，他决定参加西班牙驻那不勒斯的陆军团，随后在与土耳其的一次战役中，他胸部受到两处枪伤，左手永远地失去了活动能力。

接下来的几年，塞万提斯一直跟随奥地利的唐·胡安，也正是在这几年里，他确立了成为一名编年史历史学家的想法，并可能也是在这一时期开始对语言产生了浓厚兴趣。

多年征战之后，突然有一天，塞万提斯和他的弟弟罗德里格决定返回家乡西班牙。于是，带着塞萨公爵和唐·胡安的推荐信，他们踏上了归途。途中，他们乘坐的船只遭到袭击，被海盗俘虏后，他们被卖为奴隶。在长达 5 年的奴隶生活中，塞万提斯曾有一年时间都在计划逃跑，但不是被其他人告发，就是被抓回来，而无一例外的是，每一次失败后，塞万提斯都会遭受鞭挞之苦。

随后，塞万提斯被判处到开往君士坦丁堡（今土耳其伊斯坦布尔）

的船上服苦役，没有一个人能活着从那里回来。幸运的是，塞万提斯被一位名叫胡安·希尔的修士所救。这个好心的修士筹集了大量金钱来搭救塞万提斯。这次历险给塞万提斯留下了深刻印象，残酷的、受尽虐待的奴隶生活在他的脑海中留下了深深的烙印，也成就了后来他在《堂吉诃德》中一段关于自由的描写："桑丘，自由是上天给予人类最美丽的赠品……"对于过去跟随奥地利的唐·胡安在阿尔及利亚参战的过程，塞万提斯仍记忆犹新，在此后一生的写作生涯中，他借书中人物之口讲述了自己充满戏剧性的经历。

1604 年，《堂吉诃德》不仅已经写成，而且复印件也已开始在马德里和巴利亚多利德广泛流传。到了当年的 12 月，小说已经正式印刷成册。

1605 年新年伊始，《堂吉诃德》的第一部分开始销售，立即取得成功，甚至在里斯本、巴伦西亚和萨拉戈萨还出现了大量盗版。发行仅 3 个月后，奎斯塔出版社就开始着手第二次印刷。

塞万提斯于 1616 年 4 月 22 日逝世，他传奇的一生就此终结。还没有任何一个人，甚至是那些伟大的天才，能像塞万提斯这样被后人无数次地谈论，得到如此多的敬仰和尊重，并对他和他的著作进行研究，也没有谁的著作能够被以如此多的方式诠释。

塞万提斯留下的不仅仅是一部《堂吉诃德》……

历经磨难的海明威

1899 年 7 月 21 日，欧内斯特·海明威出生在世界五大湖之一的密歇根湖南岸，一个叫橡树园的小镇。

他家里一共有 6 个孩子，海明威是第二个。母亲很有修养，热爱音乐。父亲是一位杰出的医生，又是个钓鱼和打猎的能手。海明威 3 岁时，父亲给他的生日礼物是一根渔竿儿；10 岁时，父亲送给他一支一人高的猎枪。父亲的影响使海明威终生充满了对捕鱼和狩猎的热爱。

14 岁时，海明威在父亲支持下报名学习拳击。20 个月之后，海明威在一次训练中被击中头部，伤了左眼。这只眼的视力再也没有恢复。

中学毕业以后，海明威不愿意上大学，渴望赴欧参战，但因为视力的缘故未被批准。他离家来到堪萨斯城，在《堪萨斯明星报》做了见习记者。

1918 年 5 月，海明威如愿以偿，加入了美国红十字战地服务队，来到第一次世界大战的意大利战场。7 月初的一天夜里，海明威的头部、胸部、上肢、下肢都被炸成重伤，人们把他送进野战医院。海明威的一个膝盖被打碎了，身上中的炮弹片和机枪弹头多达 230 余块。他一共做了 13 次手术，换上了一块白金做的膝盖骨。有些弹片永远没有取出来，至死都留在他的体内。

1922 年冬天，海明威赴洛桑参加和平会议时，妻子哈德莉在火车站把他的手提箱丢失了。手提箱里装着他的全部手稿，一部长篇、

18 部短篇和 30 首诗。这使海明威痛苦万分又毫无办法，只能重新开始。

1923 年，海明威的第一部著作《三个短篇和十首诗》在法国的一个非正式出版社出版，总共只印了 300 册，在社会上毫无影响。

1925 年是海明威最为穷困潦倒的一年。妻子已经带着儿子离开了他。他除了通宵达旦地写作，只能把看斗牛当作娱乐。

第二年，海明威与波琳结婚后不久，他的第一部长篇小说《太阳照常升起》问世，立即博得了一片喝彩声，被译成多种文字，成了 20 世纪 20 年代那一代人的典范之作。

进入 20 世纪 30 年代，国家虽然正处在经济危机之中，海明威却捕鱼打猎，观看斗牛，过得十分愉快。

1939 年，海明威写成他最优秀的长篇小说《丧钟为谁而鸣》。小说出版后几天，妻子波琳与他离婚。不久，他和女作家玛莎结婚，一起到中国来度蜜月。他们作为战地记者采访了我国的抗日战争，写了 6 篇中日战争的报道，高度赞扬了我国人民英勇无畏的斗争精神。

海明威始终态度鲜明地反对法西斯分子。日本偷袭珍珠港，美国对日宣战的当天，海明威就参加了海军。他以自己独特的方式参战。他改装了自己的游艇，配备了电台、机枪和几百磅炸药。他的行动计划是在古巴北部海面搜索德国潜艇；如果发现潜艇，就全速前进，撞击敌船，与之同归于尽。这项计划不但得到了美国驻古巴的大使布拉顿的批准，而且得到了美国情报参谋部的赞同。海明威指挥船员在海上追踪德国潜艇近两年，始终没有找到相撞的机会。

1944 年 6 月，海明威随美军在法国诺曼底登陆。他自己率领一支法国游击队深入敌占区侦察，不断地向作战指挥部提供大量珍贵情报，因此而获得一枚铜质星章。

20 世纪 50 年代初，海明威发表了他最优秀的作品《老人与海》。这是世界文学宝库中的珍品，是他全部创作中的瑰宝。不久，他因此而获得了普利策奖。

海明威怀念非洲和狩猎生活。1954 年 1 月，他和最后一任妻子玛丽去非洲打猎。他们乘坐的小型飞机在尼罗河源头附近不幸坠落，两个人都受了伤。但 55 岁的海明威并不在意，他们又换乘飞机飞往乌干达首都。飞机只飞了片刻便一头栽到一个种植园里。几秒钟后飞机爆炸，引起大火。海明威拉着玛丽从飞机的残骸和火焰中爬了出来。玛丽几乎不能动弹了。海明威帮助当地农民扑灭了大火，然后陪玛丽去医院。

玛丽的伤并不重，只是断了两根肋骨。伤势严重的是海明威自己。病历卡上写着长长的一串病名：关节粘连、肾挫伤、肝损伤、脑震荡、二度和三度烧伤、肠道机能紊乱……躺在病床上，海明威看到了用 25 种语言文字发表的他的讣告。身体尚未康复，诺贝尔文学奖的荣誉便降临到他的头上。他无法亲赴瑞典领奖，只好委托驻斯德哥尔摩的美国大使代他出席庆典。授奖是"因为他精通于叙事艺术，突出地表现在他的近著《老人与海》之中；同时也因为他在当代风格中所发挥的影响"。

不半途而废的雨果

法国大作家雨果刚出生的时候，身体非常虚弱，以至于接生的人都认为这孩子是不可能养活的。逐渐长大后，雨果的身体也一直不好。因为身体不好，他什么都做不了，时常愁眉苦脸，一个人坐在角落里，无缘无故地流眼泪。看着多病的雨果，父亲十分担心，他时常抽出时间来教育和开导雨果。

怎样才能让孩子好起来呢？父亲终于想出了一个办法。一天，父亲提出要带雨果去爬山锻炼他的体质。听说要爬山，原本无精打采的雨果高兴起来了。临行前，父亲告诉他要做好吃苦的准备，不许中途放弃。雨果愉快地答应了。

第二天，父亲就将雨果带到了郊外的山脚下，他们要爬的这座山并不高，只是路比较难走，坑坑洼洼，杂草丛生。刚刚上路的小雨果充满了好奇，他蹦着跳着，一边走一边玩。但没过一会儿，他便气喘吁吁、上气不接下气地坐在地上了。父亲允许他休息一会儿再出发。他们就这样走走停停，可当雨果又一次提出要休息时，父亲却拒绝了，并告诉雨果这座山并不高，而他们也已经休息了好几次，他应该坚守出发前的承诺，继续坚持走下去。

小雨果只得咬着牙站起来，继续深一脚浅一脚地向上攀爬。眼看就要到山顶了，他却一不小心绊倒了，膝盖擦破了皮，开始哭了起来。父亲帮他处理了一下伤口，安慰他不要哭，要像个男子汉一样坚强。

小雨果以膝盖受伤为由向父亲提出不想再爬山，要求回去。父亲告诉他："我们再走几步就到山顶了，你的伤并不要紧，一定不要半途而废。"在父亲的鼓励下，小雨果终于到达了山顶。当他们坐在山顶的石头上俯瞰远处的景色时，父亲留意到小雨果的神情中流露出一种说不出的喜悦和自豪。于是，父亲借着这个机会告诉他："如果刚才我们中途放弃了，现在就不会看到这么美丽的景色了。做任何事情都一样，如果认准了，就一定不要半途而废。"

从此，父亲经常抽空带小雨果去爬山、游泳、骑马、打猎，小雨果的身体一天天强壮起来。这些有意义的活动，不仅锻炼了他的体质，还磨炼了他的毅力，使他变得健壮、坚强起来。

雨果喜欢读书，对文学有着强烈的爱好。十二三岁时，他就尝试着进行文学创作，那时他就写下了成千上万行诗以及一部喜剧歌剧、一部散文剧和一部史诗。尽管雨果在之后的岁月中历经磨难，但他总是以惊人的毅力知难而进、逆境逢生，在他不懈的努力和坚持下，终于成为一代文学大师。成名之后，他笔耕不辍，一生有 60 多年的时间都在创作，很多优秀的文学作品在他的笔下诞生，这些作品成为人类文化宝库中一份辉煌的文化遗产。

从丑小鸭到童话大王

苦难的少年时代

安徒生出生在丹麦一个叫奥登塞的小镇上。他的父亲是个穷鞋匠，母亲是洗衣妇。小镇上的贵族地主们怕降低了自己的身份，都不允许自己的孩子与安徒生一块儿玩。

安徒生的父亲对他很好。父亲常常花一整天的时间陪他做玩具和画图画。夜晚，父亲还常常为他朗读拉·封丹的作品和《天方夜谭》里的故事。在夏天，每个星期天父亲都要带安徒生到树林里散步。对大人来说，这也许是苦中作乐，但对安徒生来说，那时候的快乐却培养了他一生的爱心和坚忍的性格。

安徒生11岁时，父亲病故，家里的生活更加艰难了。虽然他多才多艺，但由于家庭贫困，他的天分很难得到发挥和赏识。一次，安徒生经人介绍，来到克里斯蒂安亲王家，请求得到亲王的资助去读书或当个演员。亲王没等安徒生说完，就以讥讽的口气说："你是个手艺人的儿子，应该去学一门手艺赚钱养家，当演员不是你能干的。"安徒生听到这话后，含泪发誓：自己一定要成为一位出色的戏剧家。

童话创作

1819 年，14 岁的安徒生为了实现自己的梦想，只身来到丹麦的首都哥本哈根。到哥本哈根后，安徒生到处寻找机会，然而却四处碰壁。后来，他带的钱所剩无几，不得不找零活干。终于有一天，他的才华被音乐家西博尼发现，西博尼收留了他并教他声乐。但不幸的是，安徒生才学了 6 个月，嗓子就坏了。他当歌唱家的梦想就这样破灭了。在此后的一年中，安徒生像一只可怜的"丑小鸭"，到处受到奚落，但他从事艺术事业的决心从未动摇过。1822 年，在拉贝克教授的帮助下，安徒生申请到了一笔助学金，得以进入正规学校学习。

在学校里，安徒生废寝忘食地阅读一切能够找到的文学作品，同时也充分利用时间创作。他的才能在童话方面得到真正的体现。

每当夜晚，安徒生就坐在书桌前，开始他的童话创作。1835 年，继推出成功之作《即兴诗人》后，安徒生出版了他的第一部童话集《讲给孩子们听的故事》。这部书出版后立刻受到了孩子们的广泛欢迎，大人们也争相阅读安徒生的童话故事，并渴望他发表新的作品，从此童话成为了安徒生的主要创作形式。他创作了很多童话作品，其中的代表作包括：《打火匣》《拇指姑娘》《海的女儿》《野天鹅》《丑小鸭》《卖火柴的小女孩》《白雪公主》《皇帝的新装》等。

直面社会黑暗的狄更斯

艰难的童年生活

狄更斯诞生于英国南部的朴次茅斯。幼年的狄更斯漂亮可爱，性格活泼，喜欢听父亲讲故事。9 岁时，他就开始学习文化知识。

后来，由于狄更斯的父亲破产，他们全家迁到伦敦，但这并没有使生活得以改善。不久后，父亲因负债被捕入狱，全家人的生活陷入更加艰难的困境。

由于家境贫穷，付不起学费，狄更斯伤心地退学了，到一家鞋油作坊当童工。鞋油作坊设在一个阴暗潮湿的地下室里。狄更斯一天要工作十几个小时，有时还要受监工的打骂。有一次，因为工作熟练，雇主把小狄更斯放在橱窗里，让他表演给路人看，当活广告。这件事深深刺痛了狄更斯，在他幼小的心灵上留下了永难磨灭的伤痕。这使他对贫苦的人们充满了同情，对统治阶级产生了无比的仇恨。

那时的狄更斯只要一有时间，就会躲在家里的小阁楼上，贪婪地读着父亲留下的小说，其中《鲁滨孙漂流记》《天方夜谭》《堂吉诃德》等都是他百看不厌的书籍。大量的阅读和对生活与社会的体验，加上平时细心的观察，使狄更斯的知识渐渐丰富起来。

后来，由于一位远亲去世，狄更斯的父亲得到一笔很小的遗产，因而得以还清欠债被释放出狱。父亲把狄更斯送进了一所学校。狄更斯十分珍惜这来之不易的读书机会,因此上课很用功,成绩也很好。

但不久后,家中的钱又花完了,狄更斯只好再次辍学去做工。他在律师事务所当过誊写员,还当过速记员,工作都十分出色。后来,他当上了报馆的采访记者,四处奔波采访。他常去国会记录辩论情况,因此看到了黑暗的政治内幕。这一切艰难的生活体验使狄更斯获得了丰富的知识,为他以后的写作积累了宝贵的素材。

热衷于文学创作

狄更斯在刚开始写作时,并不顺利。为了避免别人的嘲笑,他常在深夜街上无人时,偷偷将自己的稿子投进邮箱。当编辑终于给他的一篇稿子回信,称赞他的文笔不错,鼓励他继续努力时,他欣喜若狂,泪流满面,竟漫无目的地在街上走了一天,以此来发泄自己的激动心情。自此以后,他信心大增,更加热衷于写作。虽然最初发表的多篇小说没有得到一分钱的稿费,第一次收到的稿费也只有 5 英镑,然而这些并没有妨碍他的写作热情。

在 1837 年,他发表了小说《匹克威克外传》,作品畅销全国。一时间,小说中的主人公"匹克威克先生"的名字竟比首相的名字还响亮,商人们纷纷用匹克威克的名字作为自己商品的名称。

就在《匹克威克外传》发表的时候,狄更斯和一个出版家的女儿结婚了。婚后不久,他又创作了一部长篇小说《奥立弗·特维斯特》,后改编成电影,更名为《雾都孤儿》。在这部小说里,他充分表达了自己童年所遭受的痛苦,揭露了社会的黑暗,塑造了一个苦难的孤儿形象。

后来,他又创作了一批优秀小说,如《大卫·科波菲尔》《双城记》《荒凉山庄》《艰难时世》《董贝父子》《圣诞故事集》等。

在磨难中成长的契诃夫

1860年，契诃夫出生于俄国托夫省大冈罗格市。那时，他的父亲开了一家杂货铺，严厉的父亲常常命令契诃夫站柜台、做买卖。因此，契诃夫在回忆自己的童年时说，他小时候"没有童年"。

1876年，父亲因不善经营而破产，不得不只身去莫斯科当伙计。不久家人也随着他相继迁居莫斯科，只留下契诃夫一人在故乡继续求学。

自谋生路的种种困难很快包围了年幼的契诃夫，使他不得不面对那些需要操心的事情。

他一方面需要维持日常生活，为自己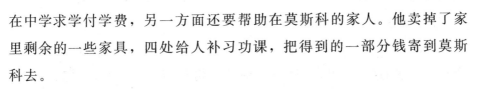
在中学求学付学费，另一方面还要帮助在莫斯科的家人。他卖掉了家里剩余的一些家具，四处给人补习功课，把得到的一部分钱寄到莫斯科去。

在这期间，契诃夫对小市民的那种浅薄、庸俗、势利，有了极为深刻的体会，这激起了他强烈的自尊心，他在入不敷出、捉襟见肘的窘境中始终维护着自己的尊严。尽管很多人嘲笑他那破了产的不幸家庭，嘲笑他父亲避债逃走的行为，但是对这个破产家庭里的少年，人们却不得不以另外一种眼光看待。他那坚强、独立自主的品格和作风，使得人们油然而生敬佩之情。

在艰难的环境下，契诃夫以优异的成绩从大冈罗格中学毕业，成为莫斯科大学医学系的学生。而这时，他的父亲在一家商店里找到了一份工作，家里的经济状况有了好转。

在这期间，他开始给几家幽默刊物写稿。1880 年，幽默刊物《蜻蜓》发表了契诃夫的两篇处女作：短篇小说《一封给有学问的友邻的信》和幽默小品《在长篇和中篇小说中最常见的是什么?》。这是契诃夫文学生涯的开端。

自 1883 年起，他以契洪特为笔名，写下许多优秀的短篇小说，反映了俄国社会的荒谬怪诞和劳动大众的苦难，如《一个文官的死》《胖子和瘦子》《变色龙》《凶犯》《普利希别耶夫军士》《苦恼》《万卡》等都是传世佳作。非凡的才华使契诃夫声誉日增，1888 年他获得了俄国皇家科学院的"普希金奖金"。

1890 年 4 月，为了加深对俄国现实的认识，身体羸弱的契诃夫去萨哈林岛考察。在岛上，他看到了一座"人间地狱"，目睹了野蛮、痛苦和灾难的种种极端现象。萨哈林岛之行在契诃夫的后半生中起了重大作用，也提高了契诃夫的思想认识水平，更深化了他的创作意境。正是在这时，契诃夫写出了震撼人心的中篇小说《第六病室》，小说将沙皇俄国影射成一座阴森的监狱。

1892 年，契诃夫在梅里霍沃购置了庄园并在那里定居，同普通民众有了更多的接触。1898 年起，他因病情加剧，遵医嘱迁居黑海南岸的雅尔塔。

从 19 世纪 90 年代起到 20 世纪初，契诃夫积极投身于社会活动。随着当年俄国革命运动的发展，契诃夫的民主主义立场和思想越来越坚定。

契诃夫的小说和戏剧创作在这时也都进入了全盛时期，他的著名剧作《海鸥》《万尼亚舅舅》《三姊妹》《樱桃园》都是在这个时期写成的。

1904 年 6 月，契诃夫的病情恶化。他在妻子的陪伴下前往德国巴登维勒治疗。同年 7 月 15 日，契诃夫在那里去世。

坚韧不拔的高尔基

文学启蒙

高尔基出生于一个木匠家庭。4岁那年，他的父亲去世了，高尔基随母亲寄居在外祖父家。外祖父的脾气很暴躁，对他们很不好。

高尔基10岁时便外出谋生，到处流浪。他曾在伏尔加河的一艘轮船上当洗碗工，在这里他遇到了喜欢读书的厨师斯姆雷。在斯姆雷的影响下，高尔基也开始喜欢读书。为此，高尔基对斯姆雷终身感激，并把他称作自己的启蒙老师。后来，由于一些原因，高尔基得罪了其他船员，结果遭到诬陷被船主解雇了。

高尔基被解雇后，外祖父又把他送到一个绘图师家里干杂活，在那儿他仍然醉心读书。而主人认为读书是一种无聊有害的娱乐，便千方百计地阻止他。有一次，高尔基因为没有看好茶炊，遭到一顿毒打。事后，他放弃对主人的起诉，作为交换条件，主人允许他在业余时间读书。书籍为高尔基打开了一个新的世界，展现出生活的广阔，并教会他做一个坚韧不拔的人。

16岁时，高尔基来到喀山想去上大学，但没能如愿。从此，社会成了他的"大学"。在喀山，为了不饿死，高尔基到伏尔加河码头锯木柴、搬货物，过着艰难的生活。在这期间，高尔基通过顽强自学，掌握了欧洲古典文学和自然科学等方面的知识。

文学创作生涯

只上过两年小学的高尔基在 24 岁那年，发表了他的第一篇作品，即刊登在《高加索日报》上的短篇小说《马卡尔·楚德拉》。报纸编辑看到这篇来稿后，十分欣赏，于是通知作者到报馆来。当编辑见到文章作者高尔基时大为惊异，他没想到，写出这样出色作品的人竟是个衣衫褴褛的流浪汉。

编辑对高尔基说："我们决定发表你的小说，但稿子应当署个名才行。"

高尔基想了一下，说："署名'马克西姆·高尔基'吧。"从此，他就以"高尔基"作为笔名，开始了文学创作生涯。

20 世纪初，俄国工人运动不断高涨，高尔基积极参与了革命工作。

1901 年，他根据参加群众示威活动的切身感受写出了著名的《海燕之歌》。

1905 年，高尔基加入布尔什维克党，参与了党内一些报刊的编辑与出版。为了躲避反动当局的迫害，第二年高尔基来到美国。

在美国，他发表文章抨击资本主义的罪恶，同时创作了被称为"社会主义现实主义奠基作"的《母亲》以及剧作《敌人》。此后，他移居意大利的卡普里岛。

1913 年，高尔基回到祖国，他不仅继续进行文学创作，还撰写了上百万字的文艺理论、文学批评和政论文章，并矢志不渝地参加反对帝国主义的战斗。

口吃的语言大师

　　他从小就是个患有严重口吃的孩子。10岁那年，他参加学校的演讲比赛，话刚出口就遭到满堂哄笑，这让他第一次深刻体味到口吃者的困窘。放学的路上，淘气的同学意犹未尽，学着他口吃的腔调轮番表演，他倍感屈辱，哭着跑回家，责问母亲：为什么你要生下一个口吃的孩子？母亲陪着他一起掉眼泪。渐渐地，他平静下来，替母亲擦干眼泪，说："妈妈，这不是你的错，只是从今以后，我再不想和别人多说话了。"

　　他是个懂事的孩子，知道父母的艰辛与苦楚。父亲在小镇的一所中学任教，起早贪黑，收入微薄。自幼做着文学梦的母亲，不得不把爱好变成谋生的工具，日夜不停地为报纸撰写稿件以换取稿酬。那件事后，他变得更加沉默寡言。在学校里，他总是躲在被人遗忘的角落，静静地翻看各类书籍。回到家中，他最爱做的事就是坐到母亲身旁，看她在打字机前优雅地敲打，这样的安详气氛令他陶醉。12岁那年的圣诞节，家里给他订了一份《纽约客》，他激动得彻夜难眠，一遍又一遍地翻看上面的每一个故事。终于有一天，他对母亲说："妈妈，我也想写故事给《纽约客》。尽管我不能像其他人一样正常说话，但我可以像他们一样写东西。"

　　母亲喜出望外，把他紧紧抱在怀里。此后，在学习间隙，他开始了文学创作的历程。高中那年，他寄出了自己的第一篇小说。在焦灼的等待中，编辑的回信姗姗来迟，信中说："你的小说语句拖沓冗长、含混晦涩，叫人读起来就像患了口吃般地痛苦。建议你看看海明威的小说吧。"这封信深深地刺痛了他的心，但也让他获得了一个意外的收获——学习海明威。

海明威的小说以简洁明快著称，他一看到，立刻不忍释手，被文中那种朴实精练的风格深深吸引，之前的沮丧一扫而光。整整三个月，他读遍海明威的所有小说，猛然领悟到，既然口吃令他很难与人沟通，那么就用最简洁流畅的文字代替自己来表达吧！

经过数月的积累与历练，一种强烈的表达欲望在他胸中涌动，他再次拿起笔来。就这样，他的第一篇短篇故事《费城来的朋友》在《纽约客》上发表了。《纽约客》在校园里颇受欢迎，他的作品很快就被同学们热议，大家都为这个朴实无华的故事而惊艳。但没有人知道，报上署名"约翰"的作者就是他。他一如既往地躲在角落里，默默地享受着创作带来的快乐。

19岁那年，他以优异的成绩考取哈佛大学文学系，离开小镇的那个晚上，父母亲自把他送到车站。当漆黑的小镇缓缓地从车窗前滑过时，他暗暗发誓：从今天起，他不会再为口吃而羞耻；总有一天，这里将为一个口吃的人而骄傲。

这就是美国最伟大的现代作家之一——厄普代克青少年时代的故事。在长达数十年的小说创作中，他致力于描写故事中的人物对话，创造了大量的绝妙语句，被读者广为传诵，而这个口吃的人，也被世人称为"文笔最流畅的语言大师"。他一生笔耕不辍，总共创作61部著作，其代表作《兔子四部曲》被誉为"美国断代史"，曾两次获得普利策小说奖。

和苦难住在一起

成长密码

萧伯纳出生在一个没落贵族的公务员家里。萧伯纳的童年和青年时代，都很不幸。母亲出身于高贵的乡绅世家，从小受过严格的上等教育。但是他的父亲却整日无所事事，不仅形象极丑，而且是个谁都不喜欢的懒惰者，多半是整天醉醺醺的，妻儿的事情他一概不管。为了能重整家业，他的母亲把他送到一所教会学校里读书，希望他将来有所成就。

但是萧伯纳对学校里所上的课程一点儿也不感兴趣。

一天课上，一位中年老师正在讲解祈祷文，可是萧伯纳对教会的祈祷一点儿都不感兴趣，趁老师转身时，他就悄悄地拿出一本《伊利亚特》在桌子下偷看。老师很了解萧伯纳，他从不好好上课，是个逃学大王，就算坐在教室里，他也是看其他的书。他偷偷地看过《奥德修记》《巨人传》，还有好多好多的文学作品。老师明白他的诡计，猛地转过身来逮住了他。萧伯纳没有想到老师会来这招，他的那本书来不及藏了。老师很生气。萧伯纳没有反抗，只是歪着脑袋，大气都不敢出。但是，不等到下课铃声响起，他就背起书包偷偷地溜走了。

他讨厌这所学校里无聊的教育方式和那些毫无用处的知识，更讨厌学校里的宗教气氛，他早就想离开这个地方。但是他知道，父亲整天都不在家，只有到晚上才醉醺醺地回去。而他的母亲呢，在家里要么在弹钢琴，要么躺在自己床上休息，这个时候她是不喜欢别人打搅的。于是家里没有人管他了，萧伯纳就可以一个人躲在自己的房间里看书，特别是他最喜欢的《伊利亚特》。萧伯纳想早点回家，他正在路上走，这时天色已晚，风吹到了他的脸上，很快乌云翻滚，萧伯纳害怕雷雨，吓得跑了起来。闪电越来越急，等萧伯纳刚一冲进家门，倾盆大雨随之而来。

回家后，看到妈妈的房门关着，虽然他非常害怕打雷，但是却不敢叫她的门。他走进自己的小房间里，然后关上房门。听着窗外巨大的雷鸣声，萧伯纳感到孤独与无助，只能独自一人读书，于是他取出那本《伊利亚特》贴在胸口。他蜷缩着蹲在墙角，小声地念着书本上的文字，他一遍又一遍，想象着……大雨过后，他的母亲敲响了他的房门，但是萧伯纳已经睡着了，他梦见自己安闲地坐在一个用书砌成的房子里，而那些书都是他自己的作品。书中有很多的人物：美丽的公主、健壮的青年、白发的老头……一个个都飞了出来，和他用不同的声音说话，然后又像影子一样贴到墙上去，静如一幅美丽的油画。这些都是他平时的想象。

成功之道

萧伯纳从小受苦受难，在他幼小的心灵留下了伤疤。但是，他在文学里找到了自己的归宿，在书里找到了自己的梦想。靠自己的聪明才智，萧伯纳学到了很多东西。但是萧伯纳家里很穷，无法支付学费，他不得不辍学当徒工。后来他的父母离婚，这给萧伯纳更大的伤害。艰苦的生活已在他的内心深处拉上了一根坚韧的钢丝，他已经习惯了这种生活，只能在苦难中平衡自己的人生。

为了生存，萧伯纳 15 岁就开始工作了。而为了写作，为了追寻那个童年的梦幻，他辞去了房产公司的工作，离开了生他养他的爱尔兰，只身来到了伦敦，开始了长达 10 年的穷困潦倒的生活。他一次又一次地奋斗，一次又一次地失败。每次跌倒了又爬起来，使得他越挫越勇。他曾经在 4 年内写过 5 部长篇小说，但是没有一家出版社愿意接受这些作品。他写过剧评，但收效甚微。他的第一部戏剧作品又一败涂地。他从小就害怕暴风雨，而此时，他的心灵正被无情的暴风雨吹打着。

文学道路的坎坷并没有使萧伯纳灰心丧气，为了在社会上有立足之地，他更加勤奋地学习和写作，阅读了大量的文学作品，还热心于社会活动。但他从小就有一个弱点，就是害羞，不敢在大庭广众之下说话。为了克服自己的弱点，他经常当众与学者们辩论，不久他就克服了自身的缺点。他还特意留起了讽刺家式的发型，给别人留下深刻的印象，还对着镜子练习手势和表情。不久，他便以爱尔兰式的机智和幽默赢得了听众，很快就成为一名令人倾倒的演说家。在 12 年的时间里，他是靠演讲过日子的。他吸取了当初演讲从失败到成功的经验，坚信自己在文学道路上也不会失败。于是他督促和鼓励自己，仍然每日写一定数量的文章。

这时的萧伯纳已完全不同于小时候的萧伯纳了，艰苦的生活使他坚强起来了，虽然他倍感无助，但他还是靠自己的力量站了起来。既然他不愿抛弃童年的梦想，他就要努力镇定，让自己树立起必胜的信心。

在以后的岁月里，萧伯纳履行了自己的诺言，尽管他当时没有一举成名，但是他仍然以一年一部到两部的速度进行戏剧创作。在将近 40 岁的时候，萧伯纳终于赢得了世界性的声誉。1925 年，瑞典皇家学会为他在文学方面取得的巨大成就而授予他诺贝尔文学奖。

萧伯纳终于实现了童年的梦想，成为世界上最擅长幽默与讽刺的语言大师，其代表作品有《圣女贞德》《伤心之家》等。

像钢铁一样的奥斯特洛夫斯基

命运对奥斯特洛夫斯基是残酷的：他念过两年小学，青春消逝在疾驰的战马与枪林弹雨中。16岁时，他腹部与头部严重负伤，右眼失明。20岁时，他又因关节硬化而卧床不起。面对着命运的严峻挑战，他深切地感到："在生活中没有比掉队更可怕的事情了。"奥斯特洛夫斯基与命运进行了英勇的抗争：他不想躺在残废荣誉军人的功劳簿上向祖国和人民伸手，他用沸腾的精力读完了函授大学的全部课程，又如饥似渴地阅读俄罗斯与世界文学名著。书籍召唤他前进，书籍陪伴他披荆斩棘。

尼古拉·奥斯特洛夫斯基于1904年9月29日出生在乌克兰一个农民家庭。他排行第五，是家中最小的孩子。

奥斯特洛夫斯基一家为生计所累，所有孩子自幼便挑起了养家的重担。非常难得的是，尽管一贫如洗，但所有孩子都学会了读书习字，并念完了小学。

奥斯特洛夫斯基在孩提时代便表现出了极强的求知欲和极高的禀赋，他非常痴迷文学。

第一次世界大战和国内战争期间，奥斯特洛夫斯基积极参加了地下革命工作和活动。

1920年，奥斯特洛夫斯基在利沃夫战役中受了重伤。伤愈后，他在基辅铁路工地工作。在此期间，他得了伤寒。此外，他还感染了骨结核，病情迅速恶化。

1927年初，22岁的奥斯特洛夫斯基完全瘫痪，卧病在床。他的双目开始失明。正是在这一人生的艰难时刻，他决定通过文学作品，来展现自己所处时代的面貌和个人的生活体验。他最初创作了小说的前几章节，但手稿却在邮寄过程中不慎遗失。自那时起，他便开始了长篇小说《钢铁是怎样炼成的》一书的创作。

奥斯特洛夫斯基的一生是个奇迹：尽管饱受病痛折磨，但他 10 年来从未向死神低头。在体能严重衰竭的情况下，他执意要将这部描写自己这代人命运的小说留传后世。

《钢铁是怎样炼成的》是一本自传体小说，从书中可以读到有关作者生活的大量真实片段。奥斯特洛夫斯基的朋友对他的文学创作给予了大力支持，帮助他誊写一页页书稿。1931 年 10 月，小说的第一部封笔，并于 1932 年付梓。第二部于 1933 年 5 月杀青，1934 年出版。

奥斯特洛夫斯基刚刚开始小说创作时，并未配备助手。尽管疼痛难忍、躯体几乎不能动弹，但他还是借助刻字板，独立完成了小说的开篇。1931 年初，他的母亲与妹妹前往莫斯科与他团聚，他才改为口述著书。每天，他需要克服常人难以想象的困难。他不仅需要记住作品的总体脉络，将构思形象化、细节化，还不能遗忘所写的句子及所用的词语。他通常在深夜里文思泉涌，成功的人物形象和优美的文字喷薄而出。为了抓住转瞬即逝的灵感，他只能整夜不眠，反复吟咏脑海中珍贵的片段。小说中的每个句子都经过了他的精心锤炼。

《钢铁是怎样炼成的》一书获得了空前的成功，超出了所有人的预期。早在 1934 年，该书就被翻译成乌克兰语、波兰语、摩尔多瓦语和楚瓦什语。读者的来信如雪片般纷至沓来。

一些文学评论家，尤其是现今的评论家，一直置疑奥斯特洛夫斯基小说的艺术价值。争鸣当然是允许的。但不容置疑的是，这部作品曾帮助世界不少国家的众多读者度过了乍看上去似乎无法逾越的难关，它令众多濒于绝望的人获得了重生。这样的事例不胜枚举。这才是小说的真正价值所在。而奥斯特洛夫斯基不向病魔低头所体现出的坚强毅力，已成为全人类共有的精神财富。

米老鼠是这样诞生的

一个年仅 21 岁的小画家，怀揣仅有的 40 美元，从家乡提着装有衬衫、内衣以及绘画材料的皮箱来到堪萨斯城。

他经历了多次的失败，几乎一无所有。因无钱交房租，他只好借用一家废弃的车库作为画室，每天夜里都会听到老鼠"吱吱"的叫声。

一天，他昏沉沉地抬起头，看见幽暗的灯光下有一双亮晶晶的小眼睛在闪动。他没有捕杀这只小精灵，磨难已使他具有艺术家悲世悯人的情怀。往后的日子里，他与这只小老鼠朝夕相处，经常会在黑暗中你看着我，我看着你。艰难的岁月中，他们仿佛建立了一种默契和友谊。

不久，他离开了堪萨斯城，为好莱坞制作一部卡通片。然而，他设计的卡通形象一一被否决了，他再次品尝了失败的滋味。他穷得身无分文，多少个不眠之夜，他在黑暗中苦苦思索，甚至怀疑起自己的天赋。

突然，他想起了那双亮晶晶的小眼睛！灵感像一道电光在黑夜里闪现了：小老鼠！就画那只可爱的小老鼠！全世界儿童所喜爱的卡通形象——米老鼠就这样诞生了。

他就是大名鼎鼎的沃尔特·迪斯尼。从此以后，他凭借着自己的才干和灵感，一步步筑起了迪斯尼大厦。20 世纪 50 年代，他创办了"迪斯尼兄弟制片厂"和举世闻名的迪斯尼乐园。迪斯尼通过自己的不懈努力，实现了自己的人生价值，也为世界娱乐事业做出了巨大贡献。

第 1851 次的求职者

有一个年轻人，他一心想做演员，想当电影明星，但是这对当时的他来说却看似不太可能，因为他穷困潦倒，几乎一无所有。可就是这样，他仍执拗地认为他能做到，而且全心全意地坚持着自己心中的梦想。为了实现明星梦，他决定到好莱坞的电影公司毛遂自荐。

当时的好莱坞共有 500 家电影公司，他根据各家电影公司所在的位置进行了仔细的规划，然后按照自己所排列的名单顺序，带着为自己量身定做的剧本，开始逐个拜访。但第一遍拜访的结果是一无所获，无功而返，所有的电影公司都不愿意聘用他，也没有一家公司对他的剧本感兴趣。

面对无情的现实，他没有灰心，而是马上又开始了他的第二轮拜访与自我推荐。同样，第二轮拜访也以失败告终。

紧接着，他进行了第三轮的拜访，其结果仍与前两次一样。三次打击，虽然让他感到伤心，但是却没有撼动他坚强的意志，没有动摇他的决心。不久，他又咬牙开始了他的第四轮拜访。

当拜访到第 350 家电影公司，也就是在他被第 1850 次拒绝后，他终于看到了一丝希望，这家的老板竟破天荒地答应让他先将剧本留下看一看。这已足以让他欣喜若狂了。他怀着忐忑的心情等了几天后，才等到这家电影公司请他去详细商谈的通知。在他的坚持下，他终于得到了幸运女神的眷顾，得到了梦寐以求的机会。这家公司不但决定投资开拍这部电影，而且请他担任剧中的男主角。这部影片的名字叫作《洛奇》。

这个年轻人的处女作一经问世，就获得了巨大的成功，《洛奇》获得了奥斯卡最佳影片奖。而这个年轻人就是美国好莱坞著名的动作巨星、导演及制作人——史泰龙。

坚持是成功道路上最为重要的品质。一个哲人曾语重心长地告诉人们："要从容地着手去做一件事，但一旦开始，就要坚持到底。"坚持到底，就是成功。一句很简单的话，但是要真的做到，却并不容易。就像我们常说的，要做一两件好事完全没有问题，但是，当我们要一直做的时候，就会发现，其实还真是不容易。坚持的力量很强大，关键是我们能否真的能坚持住。

成功人士与平凡人的区别大概就在这里。成功者都能持之以恒，做常人做不到的，于是才会创造奇迹。所以说，创造奇迹的一个关键词，就是"百折不挠"，而不是其他什么特殊才能。

在山穷水尽中再生的罗丹

坎坷的求学历程

1840年11月12日，罗丹出生在巴黎拉丁区一个极其清贫的家庭里。幼时的罗丹是个红发、矮胖、害羞的孩子。他最热衷、最迷恋的事就是趴在地上画画。

1845年，罗丹刚满5岁，但他十分聪明，因此，父亲提前把他送到了离家不远的耶稣教会学校上学。但是罗丹对宗教方面的知识一点儿兴趣也没有，所以，他的功课一直很差。罗丹9岁那年，成绩还是不见好转。父亲只好把他送到博韦城叔叔办的学校去念书。叔叔非常爱好文艺，在他的教导下，罗丹对美术产生了浓厚兴趣。

14岁时，罗丹进了美术工艺学校。在学校学美术时，罗丹遇到了他终生敬仰的启蒙老师荷拉斯·勒考克。荷拉斯·勒考克鼓励罗丹要忠实于真正的艺术感觉，而不要按照学院规定的教条循规蹈矩，正是这种思想影响了罗丹的一生。

由于家境贫寒，买不起油画颜料，罗丹转到了雕塑班，在当时法国著名的动物雕塑家巴耶那里学习，并且从此爱上了雕塑。经过三年艰苦而勤奋的学习后，罗丹踌躇满志，决定报考巴黎美术学院。但是，他落选了，第二年依然落选。第三年，一个老师在罗丹的名字旁边写上："此生毫无才能，继续报考，纯系浪费。"就这样，未来的欧洲雕刻巨匠，竟被巴黎美术学院永远地拒之门外了。此事对罗丹是一个沉重的打击，他甚至感到作为雕塑家，自己的艺术生涯结束了。

曲折的创作历程

　　在以后的几年里，为了维持生计，罗丹曾从事过多种手工技艺，做金银首饰，塑制模型，烧制陶瓷，当装饰工人以及木匠、泥水匠，还给雕刻家当过助手。罗丹曾说："我就是这样学会了我职业中的一切本领。"

　　此后，他的姐姐因为失恋进了修道院，在1862年因病去世。在事业无成和亲人离去的双重打击下，罗丹悲恸欲绝，当了一名修道士。善良的修道院院长埃玛尔神父发现罗丹颇具艺术才华，就劝他离开修道院，继续其雕塑事业。

　　离开修道院后，罗丹曾在剧院做装饰雕刻，并为卢浮宫的长廊做装饰浮雕。在此期间，他结识了年轻的缝纫女工贝莉，不久两人结为夫妻。

　　1864年，罗丹做了一尊《塌鼻男人》的雕像，以一个塌鼻子的乞丐为原型。但是，这尊雕像在当时并没有得到认可。1875年，罗丹到意大利旅行，深受米开朗琪罗作品的启发，确立了现实主义的创作手法。1876年，罗丹完成了大型人体石膏像《觉醒的人》（后改名为《青铜时代》）和《施洗者约翰》，并于1880年在巴黎的沙龙上展出，同时进入了卢森堡博物馆。

　　罗丹把雕塑当作自己的毕生事业，并最终成为杰出的现实主义雕刻大师。

扼住命运咽喉的一代乐圣

　　贝多芬有非常出众的音乐才能，17 岁时他上门向音乐大师莫扎特求教。莫扎特让他弹一首钢琴曲，贝多芬全身心投入，弹奏了一首难度很高的曲子，心想准能得到莫扎特的赞赏。但是莫扎特并没说什么，他还要进一步考查一下。

　　莫扎特拿起一张纸，写了一个题目递给贝多芬，让贝多芬按这个题目创作一首钢琴曲。

　　贝多芬凝神沉思了一会儿，随后就弹了起来。琴声像泉水般奔涌而出，美妙的旋律在上空回荡，使莫扎特也情不自禁地拍手叫好。

　　贝多芬没有辜负莫扎特的期望，专心致志地勤学苦练。一次，他去一家饭馆吃饭，刚坐下来就像弹琴一样用手指在桌面上敲打起来。店里的人都感到奇怪，纷纷围过来看。过了好一会儿，贝多芬才觉察到人们在注视着他，但还是没明白是怎么回事，只是说："算账吧，我该付多少钱？"周围的人听了都哈哈大笑，因为他根本就没有吃什么东西，只顾自己去敲打了。

　　经过认真扎实的勤学苦练，贝多芬逐渐成长为一位杰出的音乐家，创作了数以百计的音乐作品。但从 1816 年起，贝多芬的健康状况越来越差，后来耳病复发，不久就全聋了。

　　作为一位音乐家，失去了听觉，就意味着将要离开自己喜爱的音乐艺术，这个打击简直比判了死刑还要痛苦。但是贝多芬没有被吓倒，他说:"我将扼住命运的咽喉,它绝不能使我屈服。"

贝多芬开始了与命运的抗争。除了作曲外,他还想担任乐队指挥,结果在第一次预奏时弄得大乱。他指挥的演奏比台上歌手的演唱慢了许多,使得乐队无所适从混乱不堪。当别人写给他"不要再指挥下去了"的纸条时,贝多芬顿时脸色发白,慌忙跑回家,痛苦得一言不发。

在万分痛苦中,贝多芬没有消沉下去,他以极大的毅力克服耳聋带给他的困难。耳朵听不到,他就拿一根木棍,一头咬在嘴里,一头插在钢琴的共鸣箱里,用这种办法来感受声音。这样,他不仅创作出了比过去更多的音乐作品,而且还能登台担任指挥了。

1824 年的一天,贝多芬又去指挥他的《第九交响乐》,博得全场一致喝彩,热烈的掌声共响起了 5 次,然而,他却一点儿也没有听到,直到一个女歌唱家把他拉到前台时,他才看见全场纷纷起立,有的人挥舞着帽子,有的人热烈鼓掌。这种狂热的场面,令贝多芬激动不已。

1827 年 3 月 26 日,贝多芬在维也纳病逝。他一生创作了 9 部交响乐,其中以《英雄交响曲》《命运交响曲》《田园交响曲》《合唱交响曲》最为著名,此外还有《悲怆》《月光》《暴风雨》等 32 首钢琴奏鸣曲,以及大量的钢琴协奏曲、小提琴协奏曲等,为世界音乐的繁荣发展做出了巨大贡献。

别开生面的告别

　　海顿的父亲是一个马车制造匠，母亲是个厨娘，父母都是音乐爱好者，这使海顿从小有机会受到良好的音乐熏陶。海顿的家境贫寒，为了学习，他6岁就离开父母到了维也纳。

　　海顿有着超人的音乐才华，8岁那年，被选为当时施台芳教会的儿童合唱团的团员。后来长大后，嗓子变声，被合唱团赶了出来，从此他流落街头，尝遍了世间的艰难困苦。

　　幸运的是，他被一位歌唱家发现，并得到了他的救治，才勉强活了下来。

　　这个时期可以说是他一生最为艰苦的时期。虽然生活困窘，但他热爱音乐的信念从未动摇，他努力学习音乐，最终得到了匈牙利贵族保尔·艾斯特哈齐的帮助，成为这位公爵的宫廷乐师。

　　海顿担任保尔·艾斯特哈齐公爵府邸乐队的队长，领导着30名乐手。

　　有一天，公爵突然决定遣散这支乐队，这就意味着海顿和30名乐手将要丢失饭碗。乐手们一时心慌意乱，不知所措。

　　海顿心想：公爵决定过的事情一般是很难更改的，无论怎样央求，都无济于事。想来想去，他突然灵机一动，提笔谱出了一首《告别曲》，准备拿到遣散会上，作为一次独特的告别演出。

　　这是最后一次为公爵演出，因为决定已经宣布，乐手们已经万念俱灰，但看在平时和公爵在一起的情谊上，还是十分卖力地演奏起来。

乐曲开始时欢快、优美、轻松怡然，将乐手与公爵的美好友谊表达得淋漓尽致，公爵不由得感动起来。渐渐地，乐曲由明快转为平缓，又由平缓转为黯淡，悲怆的情绪起来了，像秋天的浓雾一般在大厅里弥漫开来。

这时，一名乐手停了下来，吹灭了乐谱架上的蜡烛，站起身来向公爵深深地鞠了一躬，然后悄悄地离开。

接着，又一名乐手以同样的方式离开……乐手们一个又一个地相继离开了。最后，空荡荡的大厅里只剩下了海顿一个人，旁边一支蜡烛在黑暗中静静地闪烁着。

海顿停止了指挥，默默地朝公爵深深鞠了一躬，慢慢地转过身去也要离开。

这时，公爵的情绪已达到了顶点，再也忍不住了，大叫起来："海顿，这是怎么回事？"

海顿平静而又诚挚地回答："尊敬的公爵大人，这是乐队的全体同仁在向您作最后的告别啊！"

公爵突然醒悟过来，几乎流出眼泪说："啊！不！请让我再考虑一下。"

就这样，海顿和30名乐手靠演出《告别曲》的奇特氛围使公爵回心转意，将他们又重新留了下来。

帕瓦罗蒂年轻时不懂乐谱

鲁契亚诺·帕瓦罗蒂是世界著名的意大利男高音歌唱家。他具有十分漂亮的音色，在两个八度以上的整个音域里，所有音均能迸射出明亮、晶莹的光辉。

1935年10月12日，帕瓦罗蒂生于意大利摩德纳市。父亲是一名面包师，母亲是雪茄烟厂女工，他们都酷爱音乐，父亲是当地颇有名气的业余男高音。帕瓦罗蒂出生时就拥有一副好嗓子，他的第一声啼哭，就让母亲和医生格外惊讶，医生从来没有听过单调这么高的啼哭。母亲更预言，小帕瓦罗蒂将来会前途无量。

由于出身并不显贵，迫于生活压力，中学时他选报了师范学校。17岁那年，他开始在当地的一所小学教书。

日复一日的繁琐教学并没有磨去他的理想和信念，他清楚地记得，5年之前，他当着世界最佳男高音贝利亚米诺·吉利所说的话：他想成为男高音歌唱家。可是因为工作的缘故，帕瓦罗蒂无法像平常人那样去接受专职训练，他只能利用一切可能的时间来给自己充电。19岁那年，在父亲的安排下，他得以拜阿里戈·波拉为师，后来他辗转来到埃米利亚继续学习。昂贵的学习费用，使本来就穷困潦倒的帕瓦罗蒂更加苦不堪言，尽管他已经节省到天天吃素、15里远的距离也选择走路的程度，但窘迫的局面依然没有好转。

那年冬天，他决定去找份兼职以维持生计。然而，几乎所有的俱乐部经理都拒绝让这位连乐谱都看不懂的年轻人留下来。

帕瓦罗蒂感到无限失望，他去了最后一家俱乐部。俱乐部的办事人让他现场演唱一段曲子。这让从来不识谱的帕瓦罗蒂感到了为难，他无奈地告诉经理："我是依靠自己的耳朵和自己的符号替代音符系统来学习歌曲的。"他的话立刻遭到一阵冷嘲热讽。没有人相信他的话。办事人指了指门口，示意他迅速离开。并不甘心的帕瓦罗蒂并没有理睬他，而是径直朝舞台中央走去，那里正在排练《安魂曲》。帕瓦罗蒂清了清嗓子，接着男主角唱了下去，他一连蹦出了三个高音C，清畅、圆润而富于穿透力的嗓音让所有人都安静下来。一曲完毕，俱乐部里响起雷鸣般的掌声。办事人当即拍板，与他签订了长达5年的协议。1972年，他在纽约演唱《团队的女儿》，更是连唱了9个高音C，结果赢得全场热烈的掌声。自此，他的演唱事业达到了顶峰，全球也掀起了一股"帕瓦罗蒂热"。

帕瓦罗蒂在谈及他的成功时，经常说："我能成功得感谢在埃米利亚的那5年，那里使我学会了怎样一步步地生活。虽然我不知道出路会在脚下的哪一步，但我知道，人生中总有一条路你要坚持到底，所以我只得向前，再向前。因为我知道只有比别人更勤奋地学习，方能早日找到成功的出口。"

鲁契亚诺·帕瓦罗蒂是世界著名的意大利男高音歌唱家。他具有十分漂亮的音色，在两个八度以上的整个音域里，所有音均能迸射出明亮、晶莹的光辉。

军政名人

大胆改革的彼得大帝

1682 年，一个刚满 10 岁的小沙皇登基了。他就是俄国罗曼诺夫王朝的第四代沙皇彼得大帝。彼得即位不久，他的同父异母姐姐索菲娅借助射击军兵变，上台执政。彼得被迫和母亲住在莫斯科郊外。他从小就喜欢军事游戏，把自己的小伙伴编成两个"游戏"兵团，整天在绿荫环绕的村庄中，建筑土堡，进行军事演习及防战游戏。

7 年以后，彼得长大了，他的游戏兵成了两支训练有素的近卫军。索菲娅意识到，彼得是个危险的对手。1689 年 8 月，她又发动兵变，企图废掉彼得，但是阴谋失败，索菲娅被送进修道院。

彼得开始亲自执政。这时的俄国基本上是个内陆国家，经济也很落后，要改变这种状况，彼得认为首先要有出海口，他宣称"水域，这就是俄国所需要的"。有了出海口，就等于打开了通向西欧的窗口。

1695 年 1 月，彼得亲率 3 万大军进攻土耳其，企图占领亚速海。由于没有海军，彼得不能从海上包围亚速城堡，而土耳其舰队却可以经常提供援助，结果这次远征失败了。但他并不灰心，又用一年多的时间建立起来一支舰队。1696 年春天，30 艘俄国战舰出现在亚速海上，俄军水陆并进围攻亚速城堡，土耳其战败求和，亚速海落到了俄国人手中。

占领亚速海后，俄国并没有打通南方的出海口。因为土耳其不仅占领着亚速海的门户——刻赤，而且它拥有一支强大的海军，统治着黑海。彼得觉得应该向西欧学习，他决定派一个使团到西欧各国考察。

1697 年，俄国考察使团出发。彼得化名为彼得·米哈依洛夫，以下士身份随同前往。他非常重视学习西方的先进科学技术，自称是"一个寻师问道的学生"。他身高近两米，强壮有力，亲自在造船厂当木匠，学习造船技术。在阿姆斯特丹，他在一家最大的造船厂当学徒，一直干了 4 个多月。空闲的时候，彼得总是去参观手工工场、博物馆，访问著名的学者、科学家，聘请他们去俄国工作。在伦敦，他考察了英国的国家制度，还出席了国会的会议，参加了王宫的化装舞会。

正当彼得在国外考察时，国内射击军发动兵变，要求立索菲娅为沙皇。彼得闻讯后，急忙赶回国内，残酷地镇压了叛乱，处死了 1000 多人。他强迫索菲娅当修女，还把 195 名叛军的尸体吊在她的窗前。

平息叛乱后，彼得开始在俄国进行全面改革。

改革之后，俄国富强了。彼得又开始为俄国寻取出海口，南方不行，就把眼光投向北方，首要的进攻目标就是瑞典。瑞典是北欧最强大的国家，也是欧洲强国之一，它拥有一支强大的军队。彼得要和瑞典争夺波罗的海是一个非常大胆的决定，是对俄国的一次严重考验。

1700 年秋天，彼得率 3 万大军包围了瑞典的城堡纳尔瓦。18 岁的瑞典国王查理十二世，先击败了俄国的盟友丹麦，接着带领 1 万多精兵向俄军发动猛攻。俄军全线崩溃，几乎全军覆没，彼得只身逃回了莫斯科。

惨重的失败没有使彼得丧失信心，他利用查理十二世进攻波兰的有利时机，以最大的努力重建军队。

　　彼得从全国各地征集新兵，加紧训练。没有大炮，他命令每三个教堂交出一口铜钟来铸炮。一年之后，俄国铸出了 300 门大炮。1703 年，俄军再次进攻瑞典在波罗的海沿岸的要塞，占领了尼恩尚·纳尔瓦，然后在涅瓦河口附近的科特林岛上修建要塞卡朗施塔特，在叶尼萨利岛上建立彼得—保罗要塞。彼得—保罗要塞地处大涅瓦河、小涅瓦河的汇合点，控制着通向波罗的海的水路。彼得选中这块地方作为未来的首都，使它成为真正的通向欧洲的港口。

　　1712 年，彼得在涅瓦河两岸的荒岛上建立了一座新城市，取名为彼得堡，把首都从莫斯科迁到这里。

　　1709 年 6 月 27 日，俄国和瑞典在波尔塔瓦展开了规模空前的激战。彼得亲临前线指挥，他的帽子和马鞍都中了枪弹。最后，瑞典溃败，查理十二世逃到土耳其。后来俄军又多次在波罗的海打败瑞典。1721 年，双方签订和约，俄国从瑞典手中夺得了芬兰湾、里加湾沿岸的土地，从而解决了北方出海口问题。

　　1721 年 10 月，俄国枢密院尊称彼得为"大帝"和"祖国之父"，俄国也正式改称"俄罗斯帝国"。

永不退缩的林肯总统

每个人心中都存有继续往前的使命感。努力奋斗是每个人的责任，我对这样的责任怀有一份舍我其谁的信念。

——亚伯拉罕·林肯

能坚持到底的最佳实例可能就是亚伯拉罕·林肯。如果你想知道有谁从未放弃，那就不必再寻寻觅觅了！

生下来就一贫如洗的林肯，终其一生都在经受挫折的考验，八次选举八次都落选，两次经商两次失败，甚至还有过一次精神崩溃。

好多次，他本可以放弃，但他并没有这样做，也许正因为如此，他才成为了美国历史上最伟大的总统之一。

以下是林肯进驻白宫的历程简述：

1816年　他的家人被赶出了居住的地方，他必须工作以抚养他们。

1818年　他母亲去世。

1831年　经商失败。

1832年　竞选州议员——但落选了！

1832年　工作也丢了——想就读法学院，但进不去。

1833年　向朋友借一些钱经商，但年底就破产了，接下来他花了17年，才把债还清。

1834年　再次竞选州议员——赢了！

1835年　订婚后就快结婚了，但未婚妻却死了，因此他的心也碎了！

1836 年　精神完全崩溃，卧病在床 6 个月。

1838 年　争取成为州议员的发言人——没有成功。

1840 年　争取成为选举人——失败了！

1843 年　参加国会大选——落选了！

1846 年　再次参加国会大选——这次当选了！前往华盛顿特区，表现可圈可点。

1848 年　寻求国会议员连任——失败了！

1849 年　想在自己的州内担任土地局长的工作——被拒绝了！

1854 年　竞选美国参议员——落选了！

1856 年　在党的全国代表大会上争取副总统的提名——得票不到 100 张。

1858 年　再度竞选美国参议员——再度落败。

1860 年　当选美国总统。

此路破败不堪又容易滑倒。我一只脚滑了一跤，另一只脚也因而站不稳，但我回过气来告诉自己，"这只不过是滑一跤，并不是死掉都爬不起来了。"

——亚伯拉罕·林肯，在竞选参议员落败后的演说

轮椅总统罗斯福

1882 年 1 月 30 日，富兰克林·罗斯福出生在纽约哈得孙河畔一个显贵的家庭里。命运，赐给他的是英俊的容貌、善良的性格和聪明的头脑。他 14 岁进入著名的格罗顿公学学习，4 年后来到哈佛大学，并于 1901 年加入共和党人俱乐部，开始了自己的政治生涯。

也正是这一年，他的堂叔西奥多·罗斯福成了美国历史上最年轻的总统。罗斯福决心仿效堂叔进入政界，并在 1910 年找到了一鸣惊人的机会。他打算竞选纽约市参议员，但却是以民主党候选人的身份出现。当他把这个决定告诉身为共和党人的总统叔叔时，对方怒骂道："你这个卑鄙的兔崽子！你这个叛徒……"但是富兰克林·罗斯福没有改变前进方向。他乘着一辆红色的汽车，每天进行 10 多次演说，最终当选纽约市参议员。

1931 年，威尔逊总统任命他为海军助理部长，他在任 7 年，表现杰出。1920 年，罗斯福被提名为副总统候选人。虽然此次竞选失败了，但他作为政治新星的光芒却未曾削减。智慧、干练、胸怀宽广，深孚众望，似乎什么都不能阻挡这个 39 岁的男人迈上政治峰巅的脚步。但是，无情的灾难就在这时降临了。

1921 年夏天，罗斯福带着全家在坎波贝洛岛休假，在扑灭了一场森林大火后，他跳进了冰冷的海水，因此患上了脊髓灰质炎症。高烧、疼痛、麻木以及终生残疾的前景，并没有使罗斯福放弃理想和信念，他一直坚持不懈地锻炼，试图恢复行走和站立起来的能力，就连他用以疗病的佐治亚温泉也成为"笑声震天的地方"。

　　1924 年，怀着必胜的信念，他又拄着双拐重返政坛，并在 1928 年成为纽约州州长。政敌们常用他的残疾来攻击他，这是罗斯福终生都不得不与之搏斗的事情，但是他总能以出色的政绩、卓越的口才与充沛的精力将其变成优势。首次参加竞选他就通过发言人告诉人们："一个州长不一定是一个杂技演员。我们选他并不是因为他能前滚翻或后滚翻。他干的是脑力劳动，是想方设法为人民造福。"依靠这样的坚忍和乐观，罗斯福终于在 1933 年以绝对优势击败胡佛，成为美国第 32 届总统。从此，世界又多了一位伟人！

口吃的孩子也能当演说家

　　1874年，英国的一个贵族家庭诞生了一个早产儿，据说这个早产儿生下来之后就呆头呆脑的，一点儿都不聪明。但事实上，他却是世界上最聪明的人，他就是被人誉为"有史以来最伟大的英国人"——丘吉尔。

　　虽然丘吉尔出身于贵族家庭，生活条件都很优越，但是由于父亲整天忙于政治，母亲又每天忙于交际，所以童年的丘吉尔很少感受到父母的关爱，倒是与他的保姆感情很深。

　　由于在家没人照看，7岁时，丘吉尔被父母送进一所贵族子弟学校读书。他在学校很顽皮、很贪吃，上课不注意听讲，即便听讲也不知道老师在讲什么，于是，他很快成为成绩最差的学生之一，因此经常遭到老师的惩罚。

　　除此之外，丘吉尔说话不利索，有些口吃。尽管如此，他还总是说个不停。一天课上，在教室角落自娱自乐的丘吉尔没有听见老师的问题，这让老师非常生气。老师走到丘吉尔面前，啪地拍了一下桌子，丘吉尔这才回过神儿来。

　　这时，忍无可忍的老师警告他说，如果回答不上问题，马上让他退学。

　　一听这话，丘吉尔马上惊慌地站起来，只是沉默地站着。老师冲他发怒地喊道："你看你，你把你父亲的脸都丢光了，将来看你怎么办！"

　　丘吉尔并不服气，他结结巴巴地说道："不，不，不会的，我……我要……我要做个……演说家。"丘吉尔刚说到演说家，同学们就大笑了起来。

　　回家的路上，那些调皮的同学跟在丘吉尔的后面，围住他进行嘲弄。丘吉尔想辩解，但是自己说不上几个字，着急得脸都红了。大家嘲弄够了之后全都一哄而散，只有丘吉尔一个人在路上徘徊着，眼里涌出委屈的泪水。

回家后，父亲看到他的样子很惊讶。丘吉尔什么也没有说，脸绷得紧紧的。平时要是他受到欺负，回家后总会大吵大闹。父亲不知道发生了什么事，担心地跟在他的后面，一直追问丘吉尔是怎么回事。丘吉尔这时才说："我……我……要当演说家。"说完他把自己关在了屋子里。

从此，丘吉尔下定决心，一定要练好演讲，一定要说一口流利的话，一定要当一个演说家。说做就做，他马上对着镜子练了起来。丘吉尔吐了口气，决定先从字母练起，一个音一个音地练习。读错了又重新开始，一遍一遍地重复。一段时间后，他终于能把一句话连起读了，而且不像之前那么口吃了。

再次回到学校的丘吉尔就像变成了另外一个人，整天都在练习说话，尽管不是很好，但他再也不怕同学们的嘲讽了，上课开始认真听讲，还积极回答问题。他说话声很大，整个教室都回荡着他的声音。

正所谓一分耕耘一分收获，丘吉尔经过持续不断的练习，口才明显变好了。渐渐地，他说话也变得风趣幽默起来，有了自己的特色。丘吉尔就这样培养了自己的性格，不仅是说话，他还积极学习各门知识，渐渐地展露出各方面的才华。

可以说丘吉尔一生未上过大学，仅仅从军事院校毕业，他的渊博知识和多方面才能，都是经过刻苦自学得来的。他年轻时驻军于印度南部的班加罗尔，在那里有将近半年的时间，每天抽出四五个小时的时间阅读历史和哲学著作。丘吉尔从柏拉图、吉本、麦考利、叔本华、莱基、马尔萨斯、达尔文等著名思想家、哲学家、历史学家和生物学家的著作中，吸取了丰富的思想营养。经过大量的阅读之后，丘吉尔的思想更加深刻，信念更加坚定，也使他成长为那个时代里最杰出和多才多艺的人。

丘吉尔抓住一切学习机会，逐步确定了自己的人生志向。军校毕业后，丘吉尔当过兵，从事过记者工作，同时走过很多地方，积累了丰富的人生经验。

1895年，一心想要感受战争氛围的丘吉尔，被英国情报部门看中，要他负责收集西班牙军队所使用的枪弹的情报。与此同时，丘吉尔还被《每日纪事报》聘请为随军记者前往印度。一年后，印度北部部落爆发了反抗英军的武装起义，丘吉尔获知消息后立即请假，写了很多报道，随后相继出版了自己的多篇小说。后来因为他违禁携带枪支进行采访报道被逮捕，在得不到释放的情况下，他只得越狱而逃。这一事件使得他在英国声名大振。回到英国后，丘吉尔决定抓住机会踏入政坛。

丘吉尔顺利进入政坛，并于1900年10月代表英国保守党参选而当上议员，从此开始了他长达61年的政治生涯。见解独特的丘吉尔开始在政坛上崭露头角。

丘吉尔始终有自己的独到见解。当第二次世界大战爆发后，丘吉尔认识到了当时的国际形势，他一再坚持自己的国际策略和主张，因而赢得议会的支持，一致选举丘吉尔为英国的首相。

当英国遭到法西斯德国的入侵后，丘吉尔领导和团结全国人民，同时多次访问其他国家，商讨对付法西斯的办法，并与当时的美国总统多次会面。随着世界战场的变化，丘吉尔号召全世界的人民团结起来共同对抗法西斯，最终赢得了战争的全面胜利。丘吉尔不仅保住了自己的国家，也为世界和平做出了巨大贡献，至今为世人所敬仰。

第二次世界大战结束后，丘吉尔仍在领导英国的政坛。几年后，他退出政坛，开始写自己的回忆录，发表自己的文学作品。丘吉尔在瑞典人心目中有很高的威望，崇拜者不在少数。早在第二次世界大战结束时，就有几个瑞典人推荐他为诺贝尔文学奖的候选人。二战结束后几年，他一再被提名，推荐他的几乎全都是瑞典的作家和历史学家。由于丘吉尔写的回忆录具有很高的文学价值，1953年获得诺贝尔文学奖。从小口吃被人嘲笑的丘吉尔，靠着自己的才智和努力，为祖国和世界做出了不朽的贡献。

名家名流

哥伦布与美洲的发现

航海的决心

哥伦布出生于意大利西北沿海的热那亚城，这个城市在 15 世纪时曾是那些为了进行贸易而远距离、大范围航行的远洋商人的聚居地。

1476 年，哥伦布跟随热那亚船队向西横穿地中海前往英格兰。在直布罗陀海峡附近，护航船遭到海盗攻击，船上的人惨遭屠杀。哥伦布借助一只船桨，游到葡萄牙海岸，幸运地被一位渔夫救上了岸。身体恢复后，哥伦布投奔到里斯本的哥哥家。此后的 8 年时间里，哥伦布一边与哥哥一起做绘图生意，一边计划着进行一次环球航行。

"地球是圆的"这个观点在当时已被普遍接受。所以，从理论上讲，如果一艘船从欧洲出发向西航行得足够远，就一定能到达亚洲。但这个航程通往的是一个完全神秘的未知世界，没有任何地图或图表可以遵从，没有航标或者任何熟悉的标记可以参照。所以，要进行这样一次史无前例的航行，需要极大的信心和勇气。

发现美洲新大陆

1492年，哥伦布在西班牙王室的资助下开始实施探索东方航道的计划，开辟一条越过大西洋到印度的海上航线。

这年8月3日，哥伦布率领88名水手，分乘3艘帆船，从帕洛斯港出发远航。哥伦布先向南航行到达非洲的加纳利群岛，小心避开北大西洋上的强劲西风。9月6日，船队从加纳利群岛出发向西航行，驶入尚未有人涉足的大西洋海域。

随着航行时间和距离的增加，水手们的情绪越来越焦躁。生活的单调，饮食的千篇一律，面前似乎是永远没有尽头的大海，水天相接处永远是一片空白，这一切都令他们不安。惊慌和恐惧加剧了人际关系的紧张。

哥伦布不但要关注航行，还要关注水手们的情绪。他们的不满表现为消极怠工。哥伦布知道，在目前的情况下，如果对水手们采取粗暴的压制手段，只会激发他们的反抗情绪。为了转移众人的注意力，给航行注入新的动力，哥伦布宣布了一条国王和王后的悬赏命令：第一个看见陆地的人将得到1万马拉维迪年金的奖赏。在利益的驱使下，水手们一个个轮番爬上瞭望台，极目张望，都想成为得奖人。三条船你追我赶，以更快的速度疾驶。

从加纳利群岛一直向西航行31天后，船上水手们的情绪出现反常，脾气越来越坏。面对这种情形，哥伦布又想出一个办法，向水手们宣布：从今天起以3天为期限，3天以后，即到10月12日，不见陆地或岛屿则返航！这一措施暂时平息了水手们的狂躁情绪。

10月9日这天，哥伦布果断地做出决定，船队跟着鸟群飞翔的方向行驶。10月10日，信风加强，船速很快。10月11日，船队碰到强大的顺流，船速更快。陆地的迹象：树枝、绿叶、花草不断地在海面上出现。哥伦布知道陆地马上就要到了，船员们的情绪也因为驶近陆地而重新高涨。他们现在对哥伦布完全信服了。

到 10 月 12 日凌晨，船队终于抵达了陆地——巴哈马群岛中的一个小岛。船队驶向岸边小岛的背风面，然后绕道西行，靠近一个河湾才安全抛锚。岛屿的全貌终于展现出来：长满灌木的高耸悬崖，河流的入海口处有一片宽阔的沙滩，靠北有一块陆岬伸入海中，靠南的树林中一缕缕炊烟在升腾。

哥伦布是在远航几乎绝望的时刻发现了海岛，于是将此岛命名为"圣萨尔瓦多"（意为"救世主"）。这个小岛也就成为哥伦布意识中的印度，故而将当地居民称为"印第安人"。事实上，哥伦布在他一生的几次航程中均未真正到达过印度，他所称的"印度"其实是今天我们所说的美洲大陆。哥伦布这种下定决心、矢志不渝的航海精神值得我们学习。

与命运搏斗的海伦·凯勒

苦涩的童年

1880 年，海伦·凯勒出生于美国南部亚拉巴马州一个叫塔斯康比亚的小镇上。海伦刚出生还不足 19 个月时，得了急性脑充血病。她连日高烧不退，昏迷不醒。等她苏醒过来的时候，大人们发现她的眼睛瞎了，耳朵聋了。从此，海伦·凯勒便生活在黑暗和静寂中。

刚开始，海伦以为每个人都跟她一样生活在黑漆漆的世界中，靠触摸来分辨东西、表达感情。但后来，她渐渐发现家里的其他人不用像她那样做手势表达自己的意思，而是用嘴交流。海伦时常好奇地去摸身边人的嘴巴，想弄清楚他们是怎么做到的。有时候她也能模仿别人说话的嘴形，发出一些声音来，但是无论费多大的劲也无法使别人明白自己的意图。这时候，她就会大发脾气，又哭又叫，乱摔东西，甚至还打人踢人，发泄心里的怨气。但是，不论海伦的行为多么不讲理，妈妈总是很体谅地把海伦搂在怀里，温柔地安慰她。

战胜残疾

在海伦·凯勒快满7岁的时候，充满爱心的安妮·沙利文老师来到了她的世界，从此她的命运改变了。

这是一个阳光明媚的下午，海伦一个人在庭院里玩耍。突然，她凭着聋人和盲人特有的敏锐感觉，发现有一个人正慢慢地向她走来。海伦以为是妈妈来了，就向来人的方向伸出了手。然而，握住她的手的却是一双陌生的年轻女人的手。接着，这个人很友善地把海伦抱了起来。海伦伸手去摸了摸她的嘴角，发现抱着她的人正在向自己微笑，于是海伦也笑了起来。这是海伦与沙利文老师的第一次会面，也是她们长达五十年情谊的开始。

几天后，老师开始教海伦学单词。老师先在海伦的手心上写了"water"（水）这个单词，可她总是记不下来。老师知道海伦的困难在哪儿，于是带着她走到喷水池边，要她把手放在喷水孔下，让清凉的泉水溅溢到她的手上。接着，安妮·沙利文老师又在海伦的手心写下"water"这个单词，从此，海伦就牢牢地记住了。在海伦的成长过程中，这可是非常重要的一大步，因为她一旦领悟了文字的意义和功能，就可以通过文字去认识世间的各种事物，也可以利用文字和别人相互沟通。

从此以后，海伦·凯勒通过刻苦的学习，在沙利文老师的帮助下，陆续地掌握了法语、德语、拉丁语、希腊语。

后来，沙利文老师决定协助海伦向一个更大的目标挑战，那就是学说话。海伦的声带并没有受损，她在10岁时，开始学习说话。由于听不到别人和自己的声音，她只能用手去感受老师发音时喉咙、嘴唇的运动，然后进行成千上万次的模仿和纠正。在老师的努力下，她用顽强的毅力克服生理缺陷所造成的精神痛苦，终于学会了说话和读书，并开始和其他人沟通。

巨大成就

1902 年，在一位文艺评论家和一位英文教师的帮助下，海伦完成了她的处女作《我生活的故事》。这部自传性质的作品，真实感人，文笔生动，一问世便引起了巨大轰动。

1904 年 6 月，海伦从拉德克利夫女子学院毕业后，和老师一起投身于聋哑盲人的慈善事业。在她们的倡导和影响下，美国政府于 1913 年创办了第一所国立盲人图书馆。她还通过写作和演讲等方式，唤起残疾人的自强意识，鼓舞他们的斗志，增强他们战胜困难的信心和勇气。在战争期间，她曾去过许多所医院，慰问那些残疾的士兵。她的足迹遍布世界各地，她的所作所为赢得了全世界的赞誉。

海伦在黑暗与无声的世界里，用自己的方式震撼了整个世界。她没有向命运屈服，依靠触摸努力学习，自强自立，并且把自己的一生献给了盲人福利和教育事业。海伦不仅是残疾人的楷模，而且是值得我们每个人学习的榜样。

网球王子罗吉

除了两只手和一条腿外，罗吉·克劳馥具备所有可以打网球的条件。

罗吉的父母第一次看到儿子时，他们所看到的婴儿，右前臂直接突出一个像拇指的东西，左前臂则突出一只拇指和一根手指。他没有手掌，手脚都缩短了，已萎缩的右脚只有三个脚趾，已干枯的左脚后来也被锯断了。

医生说罗吉得了一种新生儿无指症，这是很罕见的新生儿疾病，在美国出生的小孩，9万个当中只有一个会得这种病。医生说罗吉可能永远无法走路或照顾自己。

还好罗吉的父母不相信这位医生所说的话。

罗吉说："我父母总是这样教导我——你残障的程度取决于你如何看待自己的残障。他们从不允许我为自己感到难过或因自己残障就去占别人便宜。"罗吉如此解释道："有一次我有了麻烦，因为我作业一直迟交。"罗吉必须用两只"手"抓住铅笔才能慢慢写字。"我要求父亲写一张纸条给老师，请老师准我晚两天再交作业。父亲没这样做，反而督促我早两天开始写作业。"

罗吉的父亲一直都鼓励罗吉运动，他教罗吉如何打排球，并在罗吉放学后，在后院教他打橄榄球。罗吉12岁时，便在学校的橄榄球队占有一席之地。每场比赛之前，罗吉都会在脑海中想象他得分的美梦，想不到有一天他真的抓到机会了！球掉到他手臂上，他用义肢尽其所能地向得分线奔去，他的教练和队友都疯狂地欢呼。但有一个敌队的球员在10码线上追上了罗吉，他紧紧抓住罗吉的左足踝，罗吉试着要抽出他的义肢，但相反地义肢却被拔下来了！

罗吉回忆说："我那时还站着，不知道该怎么办，所以我就开始往得分线跳过去，裁判也跑过来，他的手在空中大力一挥，得分！你知道吗？甚至还有比这6分更精彩的，那就是拿着我义肢的小球员脸上所露出的表情。"

罗吉对运动的热爱与日俱增，自信心也渐增。但罗吉的决心也无法克服所有困难，在餐厅吃午饭就让他觉得非常痛苦，因为其他的小孩看得到他吃饭的笨模样，都会嘲笑他。打字课老是过不了，也带给罗吉同样的困扰。罗吉说："我从打字课得到了一个很好的教训，那就是你不可能每件事都会，最好的方式是，把注意力集中在你所能做的事上。"

罗吉能做的一件事便是旋转网球拍，美中不足的是，当他转拍子转得很快时，他无法紧紧地握好拍子，所以拍子常会掉下来。但幸运的是，罗吉在一家运动用品店里意外地找到了一支看起来很古怪的球拍。当罗吉拿起这支球拍时，他出乎意料地刚好把手指伸入这支有两个把手的球拍。这"天作之合"使得罗吉可以转动球拍、发球和接球，就像一个四肢健全的选手。他每天都练习，不久之后就开始参加比赛，当然也屡尝败绩。

但罗吉坚持下去了，他一再地练习，一再地参加比赛。左手两个手指的手术使他能更好地握住这支特殊的球拍，使他比赛的成绩大大进步了！虽然他没有前人可以指导，但他对网球却越发着迷，不久他就开始赢球了！

后来罗吉继续向大专杯进军，终其网球生涯，他获胜22次，输了11次。他后来变成第一个被美国职业网球协会认可为专业教练的残障网球选手。现在罗吉巡回全美，向不同的团体宣讲"舜何人也？禹何人也？有为者亦若是"的道理。

米契尔不屈不挠的故事

如果在 46 岁的时候，你在一次很惨的机车意外事故中被烧得不成人形，4 年后又在一次坠机事故后腰部以下全部瘫痪，你会怎么办？再后来，你能想象自己变成百万富翁、受人爱戴的公共演说家、洋洋得意的新郎官及成功的企业家吗？你能想象自己去泛舟、玩跳伞、在政坛角逐一席之地吗？

米契尔全做到了，甚至有过之而无不及。在经历了两次可怕的意外事故后，他的脸因植皮而变成一块彩色板，手指没有了，双腿如此细小，无法行动，只能瘫痪在轮椅上。

那次机车意外事故，把他身上六成五以上的皮肤都烧坏了，为此他动了 16 次手术。手术后，他无法拿起叉子，无法拨电话，也无法一个人上厕所。但以前曾是海军陆战队员的米契尔从不认为他被打败了。他说："我完全可以掌控我自己的人生之船，那是我的浮沉，我可以选择把目前的状况看成倒退或是一个起点。"6 个月之后，他又能开飞机了！

米契尔为自己在科罗拉多州买了一幢维多利亚式的房子，另外也买了房地产、一架飞机及一家酒吧。后来他和两个朋友合资开了一家公司，专门生产以木材为燃料的炉子，这家公司后来变成佛蒙特州第二大的私人公司。

机车意外事故发生后 4 年，米契尔所坐的飞机在起飞时又摔回跑道，把他胸部的十二条脊椎骨全压得粉碎，腰部以下永远瘫痪！"我不解的是为何这些事老是发生在我身上，我到底是造了什么孽，要遭到这样的报应？"

尽管如此，米契尔仍不屈不挠，日夜努力，使自己能达到最高限度的独立自主，他被选为科罗拉多州孤峰顶镇的镇长，以保护小镇的美景及环境，使之不因矿产的开采而遭受破坏。米契尔后来也竞选国会议员，他用一句"不只是另一张小白脸"的口号，将自己难看的脸转化成一项有利的资产。

尽管刚开始面貌骇人、行动不便，米契尔却开始泛舟，他坠入爱河且完成终身大事，也拿到了公共行政硕士，并继续他的飞行活动、环保运动及公共演说。米契尔屹立不倒的正面态度使他得以在《今天看我秀》及《早安美国》节目中露脸，同时《前进杂志》《时代周刊》《纽约时报》及其他出版物也都有米契尔的人物特写。

米契尔说："我瘫痪之前可以做1万件事，现在我只能做9000件，我可以把注意力放在我无法再做的1000件事上，或是把目光放在我还能做的9000件事上，告诉大家说我的人生曾遭受过两次重大的挫折，如果我能选择不把挫折拿来当成放弃努力的借口，那么，或许你们可以用一个新的角度，来看待一些一直让你们裹足不前的经历。你可以退一步，想开一点，然后，你就有机会说：'或许那也没什么大不了的!'"

执着的松下幸之助

　　提到松下电器的创始人松下幸之助的名字恐怕无人不晓，而这个被称为日本经营之神的大人物在年少时也曾生活窘困。他曾经到一家电器厂求职。他深知又瘦又小的自己不可能受到招聘主管的重视，好的工作更不会安排给他，于是他便请求安排给他一个最差的职位。招聘主管看他其貌不扬，穿着又脏又破，便没有相中，随便找了个理由推脱道："现在不缺人，你过一个月再来看看吧。"一个月后，松下幸之助又去了。招聘主管又称有事，没空见他。几天后，松下幸之助又去了。就这样，他反复去了多次，招聘主管只得出面，找个理由回绝道："你这样脏兮兮的进不了厂。"

　　松下幸之助听后，回去借钱买了套衣服，穿戴整齐的他又出现在招聘主管的面前。招聘主管无奈之下便问他是否懂得关于电器方面的知识，松下幸之助摇摇头。招聘主管以此为由再次回绝了他："关于电器方面的知识你知道得太少，所以不能录用你。"执着的松下幸之助并没有就此放弃，他回到家，用了两个月的时间来学习电器方面的知识，然后他又一次到电器厂求职。他真诚地对招聘主管说："我已经学了不少关于电器的知识，您看哪方面还有差距，我一项项来弥补。"招聘主管惊愕地看了他半天，不由得赞叹道："我干这项工作几十年了，头一次见到你这样来找工作的，真佩服你的耐心和韧性。"松下幸之助终于靠自己的韧劲打动了招聘主管，并如愿以偿地进入电器厂工作。

　　在电器厂工作的那段时间，松下幸之助积累了许多经验，之后，他建立了日本松下电器公司，随着许多新产品的不断开发和面世，企业效益直线攀升。松下幸之助的个人收入多年位居日本的前列，直至1989年他逝世时，留下了15亿多美元的遗产。他在经营管理方式等方面的成功，受到了众多企业的追捧，由此他被奉为日本的经营之神。

苦难是最可贵的磨炼

　　一个美国的大学生，他被父母要求利用节假日的时间去打工来偿还他们为供他上学而支付的费用，而他所打工的地点正是他父亲所开设的工厂。在厂里，他需要跟其他工人一样严格执行工厂的制度，上下班排队打卡，以所做的工件数量、质量及上下班打卡记录来结算工资，甚至他还曾因迟到了两分钟而被扣除了当月的一半奖金。

　　年轻人大学毕业后，他想着可以进入父亲的公司，帮助父亲做些管理工作，可是父亲不仅没让他管理公司，反而对他更加苛刻。这让他大为不解，以父亲公司现有的业务发展来看应该很好，而且家里经济状况也不错，还经常给福利院捐钱，可是父亲为什么在他身上却舍不得花一分钱呢？他开始怀疑自己不是父亲亲生的，于是气愤之下，他决定离开这个家独自去外边闯荡。

　　他决定去做生意，却没有本钱，需要到银行去贷款，他想让父亲做他的担保人，可就连这个请求父亲也拒绝了。没有贷到款，他的计划只得搁置，改成去一家公司打工。可因为打工的公司人际关系复杂，他又被排挤出来。失业后，他用打工积累的、仅有的一点儿资金开了家小店，他努力经营，小店的生意慢慢好起来；接着，他又开了家小公司，小公司在他手里又逐渐扩大为大公司。

　　正在高兴之余，公司却倒闭了，他的努力全部付之东流。他曾痛恨过命运对自己的不公和父亲的绝情，想过要轻生，但是他又不甘心，最后他决定振作起来，准备从头再来。这时，父亲却出人意料地来到他的身边，让他接管自己的公司。父亲对满腹狐疑的他说："孩子，你虽然跟几年前一样，依然没有金钱，但你拥有了一段可贵的经历，这段经历对你来说是一场苦难的磨炼，然而它却是可贵的。"

果然，他没有辜负父亲对自己的一片期望，将父亲的公司发展成一家令全球瞩目的大公司——他就是伯克希尔公司总裁、有着"美国股神"之称的沃伦·巴菲特。

从轮椅上走下来的长跑冠军

在一次火灾中，一个叫葛林的小男孩被烧成重伤，虽然医院全力抢救使他脱离了生命危险，但他的下半身还是没有任何知觉。医生悄悄地告诉他的妈妈，这孩子以后只能靠轮椅度日了，妈妈伤心地将他抱回家中。

一天，妈妈推着他到院子里呼吸新鲜空气，然后妈妈有事离开了。

一股强烈的冲动从葛林的心底涌起：我一定要站起来！他奋力推开轮椅，然后拖着无力的双腿，用双肘在草地上匍匐前进，一步一步地，他终于爬到了篱笆墙边。

接着，他用尽全身力气，努力地抓住篱笆墙站了起来，并且试着拉住篱笆墙行走。未走几步，汗水从额头滚滚而下，他停下来喘口气，咬紧牙关又拖着双腿再次行走，拖到篱笆墙的尽头，他的双腿一直没有任何感觉。

就这样，每天葛林都要抓紧篱笆墙练习走路。可一天天过去了，他的双腿仍然没有任何知觉。他不甘心困于轮椅的生活，他握紧拳头告诉自己，未来的日子里，一定要靠自己的双腿来行走。

终于，在一个清晨，当他再次拖着无力的双腿紧拉着篱笆行走时，一阵钻心的疼痛从下身传了过来。那一刻，他惊呆了。他一遍又一遍地走着，尽情地享受着别人避之唯恐不及的钻心般的痛楚。

从那以后，葛林的身体迅速恢复。他先是能够慢慢地站起来，扶着篱笆墙走上几步；渐渐地，他便可以独立行走了；最后有一天，他竟然在院子里跑了起来。自此，他的生活与一般的男孩子再无两样。到他读大学的时候，他还被选进了学校的田径队。

后来，他曾经跑出过全世界最好的成绩，他的全名叫葛林·康汉宁。

派蒂，向前跑！

派蒂·威尔森在年幼时就被诊断出患有癫痫。她的父亲吉姆·威尔森习惯每天晨跑。有一天，戴着牙套的派蒂兴致勃勃地对父亲说："爸爸，我想每天跟你一起慢跑，但我担心中途会病情发作。"

她父亲回答说："万一你发作，我也知道如何处理。我们明天就开始跑吧。"

于是十几岁的派蒂就这样与跑步结下了不解之缘。和父亲一起晨跑是她一天之中最快乐的时光；跑步这段期间，派蒂的病一次也没发作。经过几个礼拜之后，她向父亲表示了自己的心愿："爸爸，我想打破女子长距离跑步的世界纪录。"

父亲替她查了吉尼斯世界纪录，发现女子长距离跑步的最高纪录是 80 英里。当时读高一的派蒂为自己订立了一个长远的目标："今年我要从橘县跑到旧金山（400 英里）；高二时，要到达俄勒冈州的波特兰（1500 多英里）；高三的目标是到圣路易市（约 2000 英里）；高四则要向白宫前进（约 3000 英里）。"

虽然派蒂的身体状况与他人不同，但她仍满怀热情与理想。对她而言，癫痫只是偶尔给她带来不便的小毛病。她不因此消极畏缩，相反地，她更珍惜自己已经拥有的。

高一时，派蒂穿着上面写着"我爱癫痫"的衬衫，一路跑到了旧金山。父亲陪她跑完了全程，而她做护士的母亲则开着旅行拖车尾随在后，照料父女二人。

高二时，她身后的支持者换成了班上的同学。他们拿着巨幅的海报为她加油打气，海报上写着："派蒂，跑啊！"（这句话后来成为她自传的书名。）但在这段前往波特兰的路上，她扭伤了脚踝。医生劝告她立刻中止跑步："你的脚踝必须上石膏，否则会造成永久的伤害。"

"医生，你不了解，跑步不是我一时的兴趣，而是我一辈子的最爱。我跑步不单是为了自己，同时也是要向所有人证明，身有残缺的人照样能跑马拉松。有什么方法能让我跑完这段路程？"医生表示可用黏剂先将受损处接合，而不用上石膏，但他警告说，这样会起水泡，到时会疼痛难耐。派蒂二话不说便点头答应。

派蒂终于来到了波特兰，俄勒冈州州长还陪她跑完最后一英里。一面写着红字的横幅早在终点站等着她："超级长跑女将，派蒂·威尔森在17岁生日这天缔造了辉煌的纪录。"

高中的最后一年，派蒂花了4个月的时间，由西岸长征到东岸，然后抵达华盛顿，并接受总统召见。她告诉总统："我想让其他人知道，癫痫患者与一般人无异，也能过正常的生活。"

白手起家的传奇时装家

　　1922 年 7 月 2 日，皮尔·卡丹出生于意大利的威尼斯近郊。他的父母都是意大利人，以种植葡萄为生。第一次世界大战爆发后，父母带着两岁的皮尔·卡丹迁到了法国。皮尔·卡丹的童年是在法国的工业城市圣艾蒂安度过的。由于家里穷，皮尔·卡丹只读过几年书就不得不辍学了。不过皮尔·卡丹并没有放弃学习，他总是自己找书读，把平常节省下来的一点点钱都买了书。他在书中接触了广阔的世界，认识了历史上许多有成就的人。这些都鼓舞着皮尔·卡丹，他暗暗下决心一定要做一个有所作为的人。

　　12 岁时，皮尔·卡丹便开始四处找工作，他到鞋店做学徒，在杂货铺当过伙计，还贩卖过水果、玩具等。生活的艰辛使得皮尔·卡丹拥有了他那个年龄少有的成熟。17 岁时，皮尔·卡丹到一家制衣厂当了一名小会计。这段经历使他积累了一些经济方面的知识，比如成本的核算、经济管理等，为他以后的创业积累了初步的经验。在做会计的同时，勤奋好学的皮尔·卡丹还向工厂师傅学习制衣技术。这段时间他对裁制衣服产生了浓厚兴趣，一有时间便跑到制衣间看老师傅做衣服。一开始他是静静地看，将裁缝师傅的做法都默默地记在脑子里，回到家里他便找来废报纸自己"缝制衣服"。"衣服"缝制好了，他便拿给工厂里的师傅看。他用报纸缝制的"衣服"常常令老裁缝惊叹。看到他这么聪明好学，师傅们都愿意将自己的经验传授给他，许多人还说他以后一定是个出色的裁缝。皮尔·卡丹很受鼓舞，他虚心向师傅学习，并下决心要当个一流的裁缝。

　　皮尔·卡丹从小就很向往巴黎，不满 20 岁的他想去巴黎闯荡一番。一天，他把这个想法告诉了父母。当时第二次世界大战已经爆发，巴黎也被德国法西斯占领。父母觉得皮尔·卡丹一个人去巴黎很危险，但他们也十分了解这个孩子倔强的脾气，只好答应。第二天早晨，皮尔·卡丹便带着一只破箱子，骑着一辆破旧的自行车上路了。在前往巴黎的途中，由于皮尔·卡丹违反了德国法西斯的宵禁令，被德军关进了监狱。幸亏他不是犹太人，但也过了几天才被释放。皮尔·卡丹从监狱里出来后，许多好心人都劝他不要去巴黎了。皮尔·卡丹知道前面的道路会更加艰难，但他没有被困难吓倒，继续向巴黎前进。在路上，皮尔·卡丹不小心又弄丢了身上仅有的一点儿钱。这样到了巴黎后，皮尔·卡丹已经身无分文了。他既找不到住的地方，又没钱吃饭，只好在大街上流浪。

一天，皮尔·卡丹看到一家男服装店门口贴着招募学徒的广告，便走进去面试。由于他学过裁缝，便很顺利地被录用了。这家服装店专门缝制和出售男性时装。男式服装与女式的相比花样要少些，但制衣要求却相对要高一些。这又给皮尔·卡丹很大的学习机会。他总是虚心地向师傅学习制衣技术，在这里他打下了扎实的技术基础。

1945 年，23 岁的皮尔·卡丹经过自己的努力，已成为一个出色的服装设计师。这一年，他到了巴黎著名的帕坎时装公司做设计。老板帕坎十分欣赏皮尔·卡丹的才华和勤奋好学的精神，便有意培养他。在帕坎时装公司工作时，皮尔·卡丹为当时巴黎许多著名演员做过服装，他做的衣服款式新颖、做工精细，很受人们的喜爱。就是从这段时间起，皮尔·卡丹在时装界开始崭露头角。

1950 年，皮尔·卡丹在巴黎的什庞斯街租了一个店面，开始展出自己设计的服装。他设计的服装时尚、大方、典雅，皮尔·卡丹的服装和他本人在巴黎也越来越有名气。1953 年，皮尔·卡丹开始改变自己的时装经营方式，将个人定制改为批量生产，他的服装事业有了很大的发展。后来他又逐步扩大自己的事业，涉足了许多领域。他不仅在服装界成了传奇式的人物，还经营化妆品、手表、家具等产业。今天，皮尔·卡丹的商业帝国在全世界拥有 400 多个商标代理合同，在130 多个国家生产和销售，直接从业人员达到 20 万人。皮尔·卡丹用智慧和信心为自己赢得了一片天地。

从赤脚踢球到"一代球王"

　　贝利是世界上第一个被三次评为"世界最佳足球运动员"的超级球星，他取得的巨大成绩和他不懈的努力是分不开的。

　　贝利原名埃德逊·阿兰德斯·多·纳西门托，1940 年 10 月 23 日出生于巴西的特雷斯·科拉索内斯镇。贝利的父亲是镇上一个职业球队的队员，工资微薄，母亲靠给别人打杂工挣些零花钱，一家人生活得非常艰难。贝利小的时候，由于家里没人照看他，父亲便带他一起去球场。由于天天看球，时间一长，贝利就对足球产生了浓厚的兴趣。每天晚上回家，贝利便会缠着母亲给她讲白天足球场上发生的事：今天谁进球最多，哪个球踢得最漂亮，谁犯规被罚下了场……他讲得头头是道，俨然是一名小球员。每当这时候，母亲都会叹口气说："唉，踢足球好是好，但是如果踢不好就永远没有出头之日。"虽然小贝利对母亲的话似懂非懂，但他会认真地告诉母亲："妈妈，我以后一定会踢得很棒，我要做世界上最棒的球员！"

　　稍大一些，小贝利喜欢召集邻居的小伙伴一起在家所在的小胡同里踢球。然而他们都是穷人的孩子，根本没钱买足球。于是贝利就自己想了一个办法：他用一只大袜子做外皮，里面塞满破布或者旧报纸，然后将袜子团成一个球形，再用绳子扎紧，这样便做成了他们的"布足球"。因为家里穷，贝利和小伙伴们都是光着脚踢球。然而，就是这样，贝利照样能踢得兴致勃勃。他 4 岁开始踢球，6 岁便能带球过人了。

　　从 7 岁开始，贝利便出去做工赚钱补贴家用，他上街擦过皮鞋、卖过报纸、做过鞋店的学徒，小小年纪便尝尽了生活的艰辛。忙碌的一天中，贝利最快乐的时光便是每天下班回到家后和小伙伴们一起到胡同里踢球。贝利经常踢到大街上没有人了才回家吃饭。有些邻居见贝利每天都踢得这么卖力，就嘲笑他说："纳西门托，你整天这么玩命，难道还想做个没饭吃的球员？"每当听到类似的话，贝利总会大声说道："我就是要做个球员，等着瞧吧，我要当全世界最好的球员！"

随着年龄的增长，贝利和小队友们不再满足于踢"布足球"了。他们要办个像样的球队，要踢真正的足球。于是，贝利便号召伙伴们集资买足球。为了能凑够钱，母亲给他的零花钱他从来舍不得花，还带头去捡废铜烂铁到废品收购站卖。就这样，他们终于凑够了钱，买了足球、球衣和球鞋，结束了光脚踢"布足球"的生活。这之后，贝利和队友们踢球更认真了，他们不管刮风下雨都会出现在运动场上。有时候天气不好，母亲就会对贝利说："孩子，今天就别去训练了，眼看要下雨了。""妈妈，我必须得去，如果不刻苦训练就不会成为世界上最好的球员。"贝利每次都这样回答。很快，贝利的球队便在市里踢出了名气，贝利也成为市里有名的球员。

15岁时，贝利进入巴西最好的球队——桑托斯队，成为一名职业球员，17岁入选巴西国家队。在1958、1962、1966、1970年的4次世界杯赛中，他作为国家队主力参赛，与队友合作，使巴西队获得第6、第7和第9届世界杯赛冠军。1974年，贝利转入美国纽约宇宙队踢球，1978年7月18日挂靴。贝利在22年的足球职业生涯中，共参赛1364场，射入1282球，被誉为"一代球王"。

打不败的黑人"拳王"

1996 年，身患帕金森综合征的阿里，作为特邀嘉宾出现在亚特兰大奥运会的开幕式上，他用颤颤巍巍的双手点燃了奥运圣火。这位昔日拳坛上不败的巨人，再次受到了人们的关注。

1942 年 1 月 17 日，阿里出生在美国肯塔基州路易斯韦尔的一个黑人家庭中。美国的种族歧视很严重，对于这一点阿里从小就深有体会。有一次，阿里和弟弟一起到街上去玩，他们感觉有些口渴，便到一家白人开的小店里买水喝，结果刚进门便被人赶了出来。回家后，阿里问母亲："为什么我们不能在店里喝水呢?"母亲摸着阿里的头，无奈地说："谁让我们的皮肤是黑色的呢?"这件事对阿里幼小的心灵触动很大，他暗暗下决心，长大后一定要为黑人争气。

阿里从小就是个要强的孩子，比如他和伙伴们比赛摔跤，他会用尽全身的力气赢取胜利。如果有哪次输了，他就会开始天天打沙袋、做俯卧撑，准备下一次比赛。上学的时候，如果在这个期末他有哪科成绩没有考好，下一学期期末他一定会是班里该学科的最高分取得者。

12 岁的时候，阿里开始练习拳击。到体育馆练拳的第一天，他的教练问他："练拳击可是很苦，你能坚持下来吗?""当然，先生，我的目标是做世界上最好的拳击手!"阿里大声说。

为了实现自己的理想，阿里每天坚持四点钟起床锻炼身体。他每天早晨的第一项作业是跑步，一跑就是几千米，而且不管刮风下雨都在坚持。阿里最初练拳的时候，有一天清晨，天上下起了大雨，阿里四点钟准时起床要去跑步。被雨声吵醒的母亲，听到阿里在房间里来回走动的声音，起身喊道："孩子，别去跑步了，今天雨太大了。这样出门会感冒的!""妈妈，我必须得去，我自己规定每天跑步，怎么能一开始就不坚持呢?"就这样阿里出了门。一个半小时以后，阿里像往常一样跑了回来。母亲去给他开门时，看到他浑身都湿透了，像个落汤鸡，赶紧把他拉进屋。母亲一边用毛巾给他擦脸，一边心疼地说："孩子，你太要强了，少跑一天又能怎么样呢？""我以后要做世界冠军，绝不能放松，妈妈。"阿里认真地说。

每天下午，阿里都要到体育馆练拳。他练起拳来从不知道累，一直到大家都回家吃晚餐，他还留在那里练习。他的启蒙教练马丁曾回忆说："他很少不来，每次我到的时候他就已经来了，我走了以后他还在这儿练。……阿里是我这一生见过的最用功、最努力的运动员。"经过几年艰苦的训练，阿里的拳击水平有了很大提高。

1960年10月29日，对阿里来说是一个新的开始。这一天，他参加了自己的第一场比赛，并获得了胜利。在接下来一年多的职业拳击赛中，阿里几乎取得了全胜，其中有七次是直接将对手击倒在地而取胜。经过一场又一场的胜利，到1964年2月25日，22岁的阿里，终于赢得了与当时的世界拳王索尼·利斯顿争夺重量级拳王称号的机会。这场拳王争夺赛在美国迈阿密举行。比赛中，阿里以精湛的技艺和强大的力量击败了索尼·利斯顿，赢得了满场的喝彩。从此，职业拳击进入了阿里时代。

阿里的影响越来越大，他成为了黑人的骄傲。然而，阿里并没有因为自己的成功而沾沾自喜，而是利用自己日益扩大的声誉为黑人争取权利，他不断到美国各大学演讲，呼吁人们抛弃种族歧视。阿里还是美国著名的反战人士。20世纪60年代中期，美国发动了侵越战争。阿里在媒体上公开发表了反战宣言，拒绝到越南服兵役，并因此被美国地方法院吊销了拳击执照。直到1970年，美国最高法院才裁定恢复阿里的拳手资格。1974年，阿里重夺拳王桂冠。此后，又连续十次蝉联拳王称号，1979年退出拳坛。

如今，阿里依然被人们视为世界体坛的英雄人物。他凭着不懈努力，不仅改变了自己的处境，也为周围的人争取了幸福。